EUROPA 2074: DAS GELD DER FREIHEIT

Ein Blick in die Zukunft eines Europas
ohne Barrieren und voller Möglichkeiten

Ceyhan Akar

Für alle, die an eine bessere Zukunft glauben und bereit sind, diese aktiv mitzugestalten. Möge dieses Buch ein Anstoß sein, über den Status quo hinauszudenken und den Mut zu finden, Visionen in die Realität umzusetzen.

Für die kommende Generation, der wir eine Welt hinterlassen wollen, die nicht nur unseren, sondern auch ihren Wünschen und Hoffnungen gerecht wird.

Die Zukunft gehört denen, die an die Wahrhaftigkeit ihrer Träume glauben.

ELEANOR ROOSEVELT

CONTENTS

EINLEITUNG

Europa steht am Scheideweg. Die Herausforderungen der letzten Jahre – von der Finanzkrise über die Migrationswellen bis zur globalen Pandemie – haben verdeutlicht, wie fragil und gleichzeitig wie anpassungsfähig unsere Gesellschaft sein kann. Doch während wir uns immer wieder von Krisen erholen, bleibt die Frage: Wie können wir unser Europa resilienter, gerechter und zukunftsfähiger gestalten? Was müssen wir heute verändern, um morgen in einer Welt zu leben, die nicht nur auf Krisen reagiert, sondern proaktiv auf die Bedürfnisse ihrer Bürger eingeht?

Dieses Buch ist eine Einladung, über diese Fragen nachzudenken und sie mutig zu beantworten. Die Kapitel führen uns durch ein fiktives Europa, das sich durch radikale Innovation, Effizienz und soziale Gerechtigkeit auszeichnet – ein Ort, an dem Bürokratie vereinfacht, Inklusion gelebt und Nachhaltigkeit tief verankert sind. Die Szenarien und Geschichten sind keine bloßen Utopien, sondern modellieren mögliche Zukünfte, die in greifbarer Nähe liegen, wenn wir als Gesellschaft entschlossen handeln.

Wir stehen an einem Punkt, an dem technologische Fortschritte, gesellschaftlicher Wandel und politische Weitsicht sich zu einem neuen Europa verbinden könnten. Dieses Buch soll nicht nur die Fantasie anregen, sondern auch Wege aufzeigen, wie eine solche Zukunft Wirklichkeit werden könnte. Es ist ein Aufruf an jeden Einzelnen, an eine bessere Zukunft zu glauben und aktiv an ihrer Gestaltung mitzuwirken – ein Europa, das nicht nur den heutigen, sondern auch den zukünftigen Generationen eine lebenswerte und gerechte Heimat bietet.

Machen Sie sich auf den Weg in diese Vision eines idealen Europas und lassen Sie sich inspirieren, Ihre eigenen Vorstellungen von einem besseren Morgen zu entwickeln. Denn die Zukunft liegt in unserer Hand – und sie beginnt genau jetzt.

VORWORT

Die Idee dieses Buches entstand aus einer einfachen Frage: Wie könnte Europa aussehen, wenn wir unsere kühnsten Träume und Visionen für eine gerechte, nachhaltige und krisenfeste Gesellschaft verwirklichen würden? Während wir uns tagtäglich mit Herausforderungen wie Bürokratie, sozialen Ungleichheiten und Umweltkrisen konfrontiert sehen, scheint ein idealisiertes Europa oft in weiter Ferne. Doch was, wenn es mehr ist als nur eine utopische Fantasie? Was, wenn es das Ergebnis vieler kleiner Schritte und mutiger Entscheidungen sein könnte, die wir heute treffen?

In den folgenden Kapiteln lade ich Sie ein, mit mir in eine Zukunft zu reisen, in der die Grenzen des Machbaren neu definiert werden. Durch lebendige Geschichten und Szenarien entfaltet sich eine Welt, in der Bürokratie schlanker, Krisenfestigkeit stärker und Gerechtigkeit selbstverständlicher ist. Es ist ein Europa, das die Vielfalt seiner Menschen als Stärke begreift und Innovation als Treibstoff für Fortschritt und Zusammenhalt nutzt.

Diese Vision ist kein fertiges Bild, sondern eine Einladung, gemeinsam weiterzudenken. Jede Lösung, die wir skizzieren, ist ein Anstoß für den Dialog über die Zukunft, die wir erschaffen wollen. Lassen Sie uns die Barrieren, die uns heute noch einschränken, hinterfragen und nach Möglichkeiten suchen, über sie hinauszuwachsen.

Mein Wunsch ist, dass dieses Buch Sie inspiriert und ermutigt, Veränderungen nicht nur als notwendiges Übel, sondern als kraftvollen Schritt in eine bessere Welt zu betrachten. Die Zukunft, die wir hier skizzieren, beginnt nicht morgen – sie beginnt heute, mit jedem einzelnen von uns.

PROLOG

Stellen Sie sich ein Europa vor, in dem Bürokratie keine Last, sondern eine Erleichterung ist; in dem Grenzen existieren, um Kulturen zu verbinden statt zu trennen; in dem jeder Mensch unabhängig von Herkunft und sozialem Status die gleichen Chancen auf Bildung, Arbeit und Wohlstand hat. In diesem Europa sind Krisen kein Auslöser für Verzweiflung, sondern eine Gelegenheit für Wachstum, Lernen und Zusammenhalt. Es ist ein Europa, das auf seine Bürger hört, das flexibel auf Veränderungen reagiert und das sich dem Wandel nicht entgegenstellt, sondern ihn willkommen heißt.

Diese Welt mag heute wie eine ferne Utopie erscheinen – doch alle Elemente, die sie formen, sind bereits in Ansätzen vorhanden. Die Technologie, die Effizienz, die Offenheit und der Mut zur Innovation liegen bereits vor uns. Doch oft fehlt uns die Vorstellungskraft, diese Teile zusammenzuführen und daraus eine Realität zu gestalten, die über die Begrenzungen der Gegenwart hinausgeht.

In den folgenden Kapiteln betreten wir das Europa, das wir sein könnten: eine Gemeinschaft, die Vielfalt lebt, die

Herausforderungen annimmt und die Zukunft bewusst gestaltet. Wir erleben, wie das Leben in einer solchen Welt aussehen könnte, wie die Menschen in ihr handeln, träumen und einander inspirieren. Lassen Sie sich auf diese Reise ein und fragen Sie sich: Was wäre, wenn dies nicht nur eine Zukunftsvision wäre, sondern ein Bild dessen, was wir gemeinsam erreichen könnten?

Dieser Prolog ist eine Einladung – nicht nur in die Welt eines idealisierten Europas, sondern in eine neue Denkweise. Lassen Sie uns über das, was möglich ist, hinausblicken und das gestalten, was sein könnte. Denn nur, wenn wir uns diese Zukunft vorstellen können, haben wir die Chance, sie wahr werden zu lassen.

DISCLAIMER

Dieses Buch ist kein umfassender Leitfaden und erhebt keinen Anspruch auf Vollständigkeit oder absolute Richtigkeit in allen Details. Die hier dargestellten Visionen, Ideen und Szenarien basieren auf Annahmen und spekulativen Überlegungen über die Zukunft und dienen ausschließlich der Inspiration und Anregung. Die Inhalte sind keine Beratung in rechtlichen, finanziellen oder politischen Angelegenheiten und sollten nicht als solche verstanden werden. Leserinnen und Leser sind eingeladen, die Konzepte kritisch zu betrachten und eigene Nachforschungen anzustellen, bevor sie Maßnahmen oder Entscheidungen basierend auf den Inhalten dieses Buches treffen.

KONTAKT

Ich freue mich über den Austausch und das Gespräch mit allen, die an den Themen und Visionen dieses Buches interessiert sind. Wenn Sie Fragen, Anregungen oder eigene Gedanken zum Buch haben, zögern Sie nicht, Kontakt aufzunehmen.

Ihre Gedanken und Ideen bereichern diese Reise, und ich freue mich darauf, von Ihnen zu hören.

KAPITEL 1: WIE WAR ES VOR DEM GELD? – DIE WELT DES TAUSCHHANDELS

Bevor die Menschen auf die Idee kamen, Münzen zu prägen oder Banknoten zu drucken, gab es einen ziemlich direkten Weg, an das zu kommen, was man brauchte: den Tauschhandel. Stell dir vor, du lebst in einer kleinen Gemeinschaft, und wenn du etwas willst, musst du jemanden finden, der es hat – und der bereit ist, es gegen das einzutauschen, was du zu bieten hast. Das war die Realität in einer Zeit ohne Geld. Klingt einfach? Vielleicht, aber dieses System hatte seine Tücken. Denn je größer und komplexer die Gemeinschaften wurden, desto schwieriger wurde es, passende Tauschpartner zu finden und den Wert von Dingen festzulegen. In diesem Kapitel schauen wir uns an, warum der Tauschhandel die Menschen irgendwann an ihre Grenzen brachte und wie das Bedürfnis nach einem stabilen Tauschmittel – dem Geld – entstand.

Vor der Erfindung von Münzen und Scheinen lief der Handel ziemlich unkompliziert ab: Man tauschte, was man hatte, gegen das, was man brauchte. Der Fischer gab einen Teil seines Fangs an den Bauern und bekam dafür Getreide. Der Jäger lieferte Felle und erhielt im Gegenzug Werkzeuge. Doch so simpel dieses System auch klingt, es war ganz schön umständlich. Denn jede Transaktion setzte voraus, dass zwei Menschen gleichzeitig das hatten, was der andere wollte. Ein Fischer, der auf der Suche nach Gemüse war, brauchte einen Bauern, der nicht nur Gemüse hatte, sondern auch Fisch wollte. Und genau das war nicht immer der Fall – was zur ersten großen Herausforderung führte.

Dieses Problem nennt sich das „Zweiseitenproblem": Du musst jemanden finden, der genau das will, was du anbieten kannst, und umgekehrt. Wenn das nicht klappt, musst du weitersuchen oder im schlimmsten Fall mehrere Zwischenhändler finden, um doch noch an dein Ziel zu kommen. So wurde aus einem simplen Handel oft eine richtige Tausch-Odyssee.

Und als ob das nicht schon genug wäre, gab es noch ein weiteres Problem: den Wert. Da kein standardisierter Wert festgelegt war, musste bei jeder Transaktion neu verhandelt werden. Ein Bauer fand vielleicht, dass seine Säcke Getreide mehr wert waren als die Fische des Fischers – während der Fischer seine Fische natürlich besonders wertvoll fand. Ohne eine feste Maßeinheit war das Ganze eine Sache der subjektiven Einschätzung und führte oft zu langwierigen Diskussionen.

Noch dazu war es ziemlich unpraktisch, manche Güter zu tauschen. Stell dir vor, du willst nur ein paar Eier und musst dafür eine Kuh eintauschen – das geht nicht. Waren wie Vieh waren schwer teilbar, und verderbliche Waren wie Fisch oder Gemüse konnten nur kurze Zeit aufbewahrt werden. All das machte den Handel kompliziert und führte dazu, dass der Tauschhandel oft nur in kleineren Gemeinschaften funktionierte.

Herausforderungen:

1. **Das Zweiseitenproblem:** Du brauchst jemanden, der genau das will, was du anbietest, und der das hat, was du suchst. Dieses „perfekte Match" zu finden, war oft schwieriger als gedacht.

2. **Subjektive Wertschätzung:** Ohne festen Maßstab wurde der Wert jeder Ware anders gesehen. Was für den einen wertvoll war, fand der andere vielleicht gar nicht so wichtig – und das machte die Verhandlungen oft zäh.

3. **Teilbarkeit und Haltbarkeit:** Manche Dinge waren schwer zu teilen (wie Vieh) oder konnten nicht lange aufbewahrt werden (wie Fisch), was den Handel erschwerte.

4. **Geografische Begrenzung:** Der Tauschhandel funktionierte meist nur lokal, über längere Distanzen war es fast unmöglich, da jeder Tausch eine große Koordination erforderte.

Diese Herausforderungen zeigten, dass der Tauschhandel für eine wachsende Gesellschaft nicht ausreichte. Die Menschen brauchten eine bessere Lösung – etwas, das alle akzeptieren konnten und das flexibel einsetzbar war. So entstand der Wunsch nach einem standardisierten Tauschmittel, das den Handel einfacher, schneller und für alle fairer machte. Kurz: Der Tauschhandel brachte die Menschen irgendwann an den Punkt, an dem sie erkannten, dass es so nicht mehr weitergehen konnte – und das Geld war geboren.

Ziel:

Dieses Kapitel gibt dir einen Einblick in die Anfänge des Handels und zeigt, warum der Tauschhandel zwar eine gute Idee war, aber auf Dauer einfach nicht reichte. Es macht klar, dass ein verlässliches, einheitliches Zahlungsmittel den Austausch und die wirtschaftliche Entwicklung erst richtig möglich machte. Damit bist du bestens vorbereitet, um zu verstehen, wie das Geld ins Spiel kam und warum es unser Leben grundlegend verändert hat.

KAPITEL 2: DIE GESCHICHTE DES GELDES – VON MUSCHELN ZU MÜNZEN UND SCHEINEN

Nachdem der Tauschhandel die Menschen an seine Grenzen gebracht hatte, war klar: Es musste eine bessere Methode her, um Waren und Dienstleistungen auszutauschen. Aber wie sah der erste Schritt in Richtung Geld aus? Die Antwort darauf ist alles andere als geradlinig. Über Jahrtausende und in verschiedenen Kulturen entstanden die unterschiedlichsten „Währungen" – von Muscheln über Salz bis hin zu Edelmetallen. In diesem Kapitel werfen wir einen Blick auf die Anfänge des Geldes und wie die Menschheit Schritt für Schritt ein Tauschmittel entwickelte, das uns schließlich zu den Münzen und Banknoten führte, die wir heute kennen.

Die ersten Formen des Geldes sahen noch ganz anders aus

als das, was wir heute in unseren Geldbörsen tragen. Statt Münzen und Scheinen waren es oft Dinge, die für eine Gemeinschaft besonders wertvoll und knapp waren, die als Zahlungsmittel verwendet wurden. Muscheln, Salz, Tee, Edelsteine – alles Mögliche diente als Tauschmittel, solange die Leute darin einen gewissen Wert sahen. Muscheln etwa waren in vielen frühen Gesellschaften ein weit verbreitetes Tauschmittel, da sie schwer zu bekommen und leicht zu transportieren waren. Andere Kulturen nutzten Salz, das nicht nur als Gewürz wertvoll war, sondern auch zum Konservieren von Lebensmitteln genutzt wurde.

Aber auch diese frühen Währungen hatten ihre Schwächen: Sie waren oft schwer zu transportieren oder nicht langlebig. Außerdem war es nicht einfach, den Wert dieser Gegenstände einheitlich festzulegen – besonders bei langen Handelsreisen, wo die „Währung" nicht immer bekannt oder akzeptiert war. Aus diesem Grund begannen die Menschen nach einem dauerhafteren und universelleren Tauschmittel zu suchen.

Dann entdeckte man Edelmetalle wie Gold und Silber. Diese waren nicht nur wertvoll, sondern auch haltbar und konnten leicht in kleinere Einheiten geteilt werden. Bald wurden aus diesen Metallen Münzen geprägt – eine echte Revolution im Handel. Die ersten Münzen entstanden vor etwa 2.600 Jahren im antiken Königreich Lydien (im heutigen Westtürkei). Gold- und Silbermünzen ermöglichten es, den Wert einheitlich zu bestimmen, was den Handel auf ein völlig neues Niveau hob.

Mit den Münzen entstand erstmals ein System, das sich auf eine klare Wertbestimmung und Haltbarkeit stützen konnte. Handel konnte nun über weite Strecken hinweg geführt werden, und verschiedene Kulturen konnten sich leichter auf den Wert des „Geldes" einigen. Jede Münze war mit einem Stempel versehen, der das Gewicht und die Reinheit des Metalls garantierte – ein Schritt, der das Vertrauen in das neue Währungssystem stärkte.

Doch auch Münzen hatten ihre Grenzen. Sie waren schwer, und es war umständlich, größere Mengen zu transportieren. Je weiter sich der Handel ausdehnte, desto deutlicher wurde, dass eine leichtere und flexiblere Form des Geldes benötigt wurde. Im alten China begann man daher, Quittungen für eingezahltes Gold auszustellen. Diese Quittungen konnten dann als Zahlungsmittel genutzt werden – ein früher Vorläufer des Papiergeldes.

Im Laufe der Zeit entstand so das Konzept der Banknoten, das von China schließlich über den Rest der Welt verbreitet wurde. Banknoten waren leicht, einfach zu transportieren und konnten problemlos in großen Mengen verwendet werden. Diese Entwicklung führte zu einem neuen, globalen Währungssystem, das immer raffinierter und ausgefeilter wurde – und der Grundstein für das moderne Geldsystem, wie wir es heute kennen.

Herausforderungen:

1. **Materialbeschaffung und Haltbarkeit**: Muscheln, Salz oder Edelsteine waren nicht immer leicht verfügbar oder haltbar. Die Menschen mussten oft aufwändig an diese „Währungen" herankommen, und es gab keine Garantie, dass sie lange Zeit halten würden.

2. **Bewertung und Akzeptanz**: Die frühen Währungen waren oft regional und nur in bestimmten Gegenden bekannt. Das machte

den überregionalen Handel schwierig, da nicht jede Gemeinschaft denselben Wert in einem bestimmten Tauschmittel sah.

3. **Transport und Gewicht**: Edelmetallmünzen boten eine haltbare und einheitliche Währung, waren aber schwer und umständlich zu transportieren – besonders bei größeren Mengen. Diese Limitierung schränkte den Handel ein, bis man eine leichtere Alternative fand.

4. **Vertrauensprobleme**: Der Schritt zu Papiergeld erforderte Vertrauen in das System. Menschen mussten darauf vertrauen, dass ein Stück Papier denselben Wert hatte wie das eigentliche Gold, das es repräsentierte. Diese Umstellung war nicht einfach und dauerte viele Jahre.

Die Herausforderungen der frühen Währungen und die Suche nach immer effizienteren Tauschmitteln zeigten den Menschen, wie wichtig es war, ein System zu entwickeln, das sowohl stabil als auch flexibel war. Diese Entwicklung war ein langer Prozess, der letztendlich den Weg zu unserem heutigen Geldsystem ebnete.

Ziel:

In diesem Kapitel lernst du, wie das Geld in seinen unterschiedlichsten Formen entstand und sich im Laufe der Jahrhunderte veränderte. Von Muscheln über Münzen bis hin zu Banknoten: Jeder Schritt in der Entwicklung des Geldes brachte uns näher zu einem zuverlässigen und einheitlichen Zahlungsmittel, das unseren Handel und unser Leben bis heute bestimmt. Diese Erkenntnisse sind wichtig, um die Grundlagen des modernen Geldsystems zu verstehen und einen ersten Eindruck davon zu gewinnen, wie der Weg von traditionellen Währungen hin zu digitalen Zahlungsmitteln heute aussieht.

KAPITEL 3: DER WEG ZUM EURO – EUROPAS SUCHE NACH STABILITÄT UND EINHEIT

Nach den turbulenten Jahren des 20. Jahrhunderts, geprägt von zwei Weltkriegen und einer tiefen wirtschaftlichen Unsicherheit, suchte Europa nach Wegen, Frieden und Stabilität zu sichern. Es entstand die Idee einer wirtschaftlichen und politischen Einheit, die nicht nur den Handel erleichtern, sondern auch als Schutz gegen zukünftige Konflikte dienen sollte. Eine zentrale Frage war dabei die Schaffung einer gemeinsamen Währung, die die europäischen Länder enger aneinanderbinden und wirtschaftliche Schwankungen ausgleichen könnte. Der Weg zum Euro war jedoch lang und voller Herausforderungen. In diesem Kapitel verfolgen wir diesen Weg Schritt für Schritt – von den ersten wirtschaftlichen Bündnissen bis zur Einführung des Euro und den Hindernissen, die es zu überwinden galt.

Die Idee einer gemeinsamen Währung in Europa entstand nicht plötzlich. Sie wuchs über Jahrzehnte hinweg und war geprägt von einer allmählichen Annäherung und immer enger werdenden wirtschaftlichen Verflechtungen. Den ersten Grundstein legte 1951 die **Europäische Gemeinschaft für Kohle und Stahl (EGKS)**. Diese Organisation, die Frankreich, Deutschland, Italien, Belgien, die Niederlande und Luxemburg vereinte, sollte die Wirtschaft dieser Länder durch eine gemeinsame Verwaltung von Kohle- und Stahlressourcen stabilisieren und gleichzeitig sicherstellen, dass diese Ressourcen nicht mehr für kriegerische Auseinandersetzungen genutzt wurden.

Der Erfolg der EGKS führte zur Gründung der **Europäischen Wirtschaftsgemeinschaft (EWG)** im Jahr 1957. Mit dem *Vertrag von Rom* beschlossen die Mitgliedsstaaten, eine Zollunion zu schaffen und Handelsbarrieren abzubauen. Ziel war es, einen gemeinsamen Markt zu schaffen, in dem Waren, Dienstleistungen, Kapital und Arbeitskräfte frei zirkulieren konnten. Der Grundstein für die europäische Integration war gelegt, doch der Traum einer gemeinsamen Währung blieb zunächst unerfüllt. Jedes Land behielt weiterhin seine eigene Währung und Wirtschaftspolitik, und dies führte in den kommenden Jahrzehnten zu teils heftigen wirtschaftlichen Schwankungen.

In den 1970er Jahren waren die wirtschaftlichen Herausforderungen groß. Die **Ölkrise von 1973** und die Schwankungen des US-Dollars destabilisierten die europäischen Währungen und belasteten die nationalen Volkswirtschaften schwer. Die europäische Zusammenarbeit war zwar gewachsen, aber ohne eine gemeinsame Währung und mit schwankenden Wechselkursen gab es weiterhin viele Unsicherheiten im Handel zwischen den Ländern. Um die Wirtschaftsstabilität zu verbessern, wurde 1979 das **Europäische Währungssystem (EWS)** geschaffen. Ziel des EWS war es, die Wechselkurse der europäischen Währungen in einem festgelegten Rahmen zu halten und so Währungsschwankungen zu begrenzen. Der EWS-Mechanismus ermöglichte den Ländern, ihre Währungen aneinander anzupassen und Schwankungen zu kontrollieren.

Parallel dazu führte die EU 1979 die **Europäische Währungseinheit (ECU)** ein – eine „Recheneinheit", die für den Handel zwischen den Ländern als Vergleichswert genutzt wurde. Der ECU war keine echte Währung, sondern diente als Referenz, um Wechselkurse und wirtschaftliche Verhältnisse in Europa besser vergleichen zu können. Trotzdem war der ECU ein erster, symbolischer Schritt in Richtung einer echten Gemeinschaftswährung, da er zeigte, dass die Länder bereit waren, ihre wirtschaftlichen Interessen enger zu verzahnen.

Mit den Erfolgen des EWS und des ECU wuchs das Vertrauen in eine mögliche gemeinsame Währung. Die politische und wirtschaftliche Integration nahm weiter Fahrt auf, und Anfang der 1990er Jahre waren die Mitgliedsländer bereit, einen weiteren großen Schritt zu wagen: den **Vertrag von Maastricht**. Der Vertrag von Maastricht, 1992 unterzeichnet, war ein Meilenstein für die europäische Einigung. Er gründete die **Europäische Union (EU)** und legte den rechtlichen Rahmen für die Einführung des Euro fest. Doch bevor eine gemeinsame Währung eingeführt werden konnte, mussten die Mitgliedsländer strenge wirtschaftliche Kriterien erfüllen

– die sogenannten „Maastricht-Kriterien". Diese Kriterien waren notwendig, um die Stabilität des Euro zu gewährleisten. Sie forderten unter anderem, dass die Inflation niedrig gehalten wurde, die Staatsverschuldung ein vertretbares Maß nicht überschritt und die Währungen stabil waren. Diese Bedingungen waren streng, und viele Länder mussten ihre Finanzpolitik radikal anpassen, um die Kriterien zu erfüllen. Beispielsweise mussten Länder mit hoher Inflation oder einem hohen Haushaltsdefizit Maßnahmen ergreifen, um ihre Wirtschaft auf das geforderte Niveau zu bringen. Das bedeutete für viele Mitgliedsstaaten harte Sparmaßnahmen und Wirtschaftsreformen, die teilweise zu Unzufriedenheit und politischem Druck führten.

Trotz dieser Herausforderungen wurde der Euro am 1. Januar 1999 zunächst als **Buchgeld** eingeführt. Das bedeutete, dass der Euro in den Bankensystemen und für internationale Transaktionen genutzt wurde, während die nationalen Währungen weiterhin im Alltag verwendet wurden. Dies war ein entscheidender Moment, denn der Euro war nun die offizielle Währung der beteiligten Länder, auch wenn die Bürger und Unternehmen ihn zunächst nur „virtuell" nutzen konnten.

Am 1. Januar 2002 folgte dann der nächste große Schritt: Der Euro wurde als **Bargeld eingeführt**. Zwölf Länder gaben gleichzeitig ihre nationalen Banknoten und Münzen auf und führten den Euro als gemeinsames Zahlungsmittel ein. Dies war das größte Währungsumstellungsprojekt der Geschichte und ein symbolträchtiger Moment für Europa. Die Einführung des Euro bedeutete nicht nur wirtschaftlich, sondern auch emotional viel – die Menschen mussten sich von ihren vertrauten nationalen

Währungen verabschieden und eine neue, gemeinsame europäische Identität annehmen.

Doch der Euro brachte nicht nur Vorteile mit sich. Länder wie Griechenland, Portugal und Italien, die wirtschaftlich weniger stark waren, hatten Schwierigkeiten, sich an die Regeln und Standards der Eurozone anzupassen. Die **Finanzkrise 2008** und die darauffolgende **Eurokrise** offenbarten tiefe Schwächen in der Struktur der Eurozone. Länder mit hohen Schuldenständen und schwacher Wirtschaft mussten auf europäische Rettungsmaßnahmen zurückgreifen, was zu Spannungen zwischen den Mitgliedsländern führte. Die Krise zeigte, dass eine gemeinsame Währung alleine nicht ausreichte, um Europa wirtschaftlich zu vereinen. Es wurde deutlich, dass die Eurozone nicht nur eine Währungsgemeinschaft, sondern auch eine wirtschaftspolitische Gemeinschaft brauchte, um stabil zu bleiben.

Heute nutzen 20 der 27 EU-Mitgliedsländer den Euro, und die Währung hat sich als stabil und weltweit anerkannt etabliert. Trotz der Herausforderungen und Krisen hat der Euro bewiesen, dass er eine solide Basis für den Handel und die wirtschaftliche Stabilität in Europa bietet. Die Einführung des Euro war ein gewagter und visionärer Schritt, der die europäischen Länder enger zusammenbrachte und ihre Position in der Weltwirtschaft stärkte. Auch wenn die Eurozone weiterhin vor Herausforderungen steht, ist der Euro ein Symbol für die europäische Einheit und ein Zeichen dafür, dass wirtschaftliche Stabilität und Zusammenarbeit über Grenzen hinweg möglich sind.

Herausforderungen:

1. **Unterschiedliche Wirtschaftslagen:** Die wirtschaftliche Lage der Mitgliedsländer war sehr unterschiedlich. Länder wie Deutschland und Frankreich hatten starke Wirtschaften, während andere, wie Griechenland und Portugal, mit wirtschaftlichen Problemen zu kämpfen hatten. Die Einführung einer gemeinsamen Währung erforderte eine Angleichung der wirtschaftlichen Standards, was für viele Länder ein schwieriger Anpassungsprozess war.

2. **Maastricht-Kriterien und Sparmaßnahmen:** Um die Stabilität des Euro zu sichern, mussten die Mitgliedsländer die strengen Maastricht-Kriterien erfüllen. Dies bedeutete für viele Länder Sparmaßnahmen, die teilweise zu Protesten und Unzufriedenheit in der Bevölkerung führten.

3. **Vertrauensprobleme und nationale Identität:** Der Euro war ein Symbol für die europäische Einheit, doch viele Menschen waren skeptisch und hingen an ihren nationalen Währungen. Es brauchte Zeit, bis die Bürger Vertrauen in die neue Währung fassten und den Euro als Teil ihrer Identität annahmen.

4. **Finanzkrisen und strukturelle Schwächen:** Die Finanzkrise 2008 und die Eurokrise zeigten, dass die Struktur der Eurozone Schwächen hatte. Länder mit hoher Staatsverschuldung gerieten in finanzielle Notlagen, was die Eurozone belastete und die Notwendigkeit einer engeren wirtschaftspolitischen Zusammenarbeit aufzeigte.

Ziel:

Dieses Kapitel verdeutlicht den komplexen und oft steinigen Weg zur Einführung des Euro. Die Geschichte des Euro zeigt, wie sich Europa über Jahrzehnte hinweg bemühte, wirtschaftliche Einheit und Stabilität zu schaffen. Die Leser verstehen, dass die Einführung des Euro ein enormer, gemeinsamer Kraftakt war, der Europa nicht nur wirtschaftlich, sondern auch symbolisch zusammenbrachte. Es legt das Fundament für die Frage, wie die Zukunft des Geldes in Europa aussehen könnte und wie die Eurozone in den kommenden Jahrzehnten weiterentwickelt werden könnte.

KAPITEL 4: DIE REALITÄT DER EUROPÄISCHEN WÄHRUNGSPOLITIK

Der Euro ist heute die gemeinsame Währung für rund 340 Millionen Menschen in 20 europäischen Ländern. Seit seiner Einführung wurde er zu einem Symbol für die wirtschaftliche und politische Einheit Europas. Doch die europäische Währungspolitik ist auch ein hochkomplexes System, das ständig vor Herausforderungen steht. Die Europäische Zentralbank (EZB), die als Hüterin des Euro fungiert, ist verantwortlich für die Geldpolitik der Eurozone und hat das Ziel, Preisstabilität und wirtschaftliches Wachstum zu fördern. In diesem Kapitel beleuchten wir die Realität der europäischen Währungspolitik und gehen auf die aktuellen Herausforderungen und Maßnahmen ein, die die EZB ergreift, um den Euro stabil und das wirtschaftliche Gleichgewicht in Europa zu wahren.

Die europäische Währungspolitik wird im Wesentlichen durch die Europäische Zentralbank (EZB) gesteuert, die ihren Sitz in Frankfurt am Main hat. Die EZB wurde 1998 gegründet und ist seitdem für die Geldpolitik der Eurozone verantwortlich. Ihr Hauptziel ist die **Gewährleistung von Preisstabilität** – ein Grundpfeiler, der festlegt, dass die Inflation in der Eurozone auf einem moderaten Niveau gehalten werden soll, idealerweise knapp unter, aber nahe 2 %. Die EZB ist unabhängig von den Regierungen der Mitgliedsstaaten und trifft ihre Entscheidungen ausschließlich auf der Grundlage wirtschaftlicher Analysen und Projektionen, um eine ausgewogene Wirtschaftsentwicklung zu ermöglichen.

1. Die Instrumente der EZB

Die EZB verfügt über verschiedene Instrumente, um die Geldpolitik in der Eurozone zu steuern. Die wichtigsten sind:

- **Leitzinssteuerung:** Die EZB legt die Leitzinsen fest, also die Zinssätze, zu denen Geschäftsbanken Geld bei der EZB leihen oder anlegen können. Durch Senken oder Erhöhen der Leitzinsen kann die EZB die Geldmenge beeinflussen und somit die Inflation kontrollieren. In Zeiten wirtschaftlicher Abschwächung neigt die EZB dazu, die Zinsen zu senken, um Investitionen und Konsum anzukurbeln. Umgekehrt werden die Zinsen erhöht, wenn die Inflation zu stark steigt.

- **Anleihekäufe (Quantitative Easing):** Ein weiteres wichtiges Werkzeug der EZB ist das „Quantitative Easing" (QE), bei dem sie Staats- und Unternehmensanleihen kauft, um die Geldmenge zu erhöhen und die Wirtschaft zu stimulieren. Seit der Finanzkrise 2008 und erneut in der

COVID-19-Pandemie hat die EZB große Mengen an Anleihen aufgekauft, um die Finanzmärkte zu stabilisieren und die Kreditvergabe zu fördern.

- **Gezielte Langfristkredite an Banken (TLTRO):** Über sogenannte „gezielte längerfristige Refinanzierungsgeschäfte" stellt die EZB den Geschäftsbanken langfristige Kredite zu günstigen Bedingungen zur Verfügung. Diese Kredite sollen die Banken dazu anregen, mehr Darlehen an Unternehmen und Verbraucher zu vergeben, um so das Wirtschaftswachstum zu unterstützen.

2. Aktuelle Herausforderungen in der Eurozone

a) Hohe Inflation und steigende Energiepreise

Seit der COVID-19-Pandemie hat sich die wirtschaftliche Situation weltweit stark verändert. Unterbrochene Lieferketten und eine höhere Nachfrage nach bestimmten Produkten führten zu einem Anstieg der Preise. In Europa wurde die Situation durch den Krieg in der Ukraine und die damit verbundenen Sanktionen gegen Russland weiter verschärft, was die Energiepreise in die Höhe trieb. Die Inflation in der Eurozone erreichte in den Jahren 2022 und 2023 historische Höchststände, was die EZB dazu zwang, eine Reihe von Zinserhöhungen vorzunehmen, um die Inflation einzudämmen. Zinserhöhungen sind jedoch ein zweischneidiges Schwert: Während sie dazu beitragen können, die Inflation zu senken, bremsen sie auch das Wirtschaftswachstum und verteuern Kredite für Unternehmen und Verbraucher.

b) Unterschiedliche Wirtschaftsstrukturen der Mitgliedsländer

Ein zentrales Problem der EZB besteht darin, dass die Wirtschaft in den Ländern der Eurozone sehr unterschiedlich ist. Deutschland und die nordeuropäischen Länder, die als wirtschaftlich stark gelten, profitieren oft von einer restriktiveren Geldpolitik. Südeuropäische Länder wie Italien, Spanien und Griechenland hingegen sind stärker von wirtschaftlichen Schwankungen betroffen und leiden oft stärker unter Zinserhöhungen, da viele Unternehmen und Haushalte auf Kredite angewiesen sind. Diese Unterschiede machen es der EZB schwer, eine Geldpolitik zu betreiben, die allen Mitgliedsländern gerecht wird.

c) Die hohe Staatsverschuldung

In einigen Mitgliedsstaaten der Eurozone ist die Staatsverschuldung in den letzten Jahren stark gestiegen. Länder wie Italien und Griechenland haben Schuldenstände, die über 150 % des Bruttoinlandsprodukts (BIP) liegen. Dies macht sie anfälliger für wirtschaftliche Krisen und Zinserhöhungen. Die EZB steht hier vor der Herausforderung, die Staatsfinanzen dieser Länder stabil zu halten, ohne die Preisstabilität der gesamten Eurozone zu gefährden. Zu aggressive Zinserhöhungen könnten die Schuldenlast in diesen Ländern noch weiter verschärfen und zu einer neuen Schuldenkrise führen.

d) Stärkung des Euros im internationalen Wettbewerb

Der Euro spielt eine zentrale Rolle auf den internationalen Finanzmärkten und ist die zweitwichtigste Reservewährung weltweit, nach dem US-Dollar. Doch in Zeiten wirtschaftlicher Unsicherheit neigen Investoren oft dazu, in den US-Dollar als „sichere Währung" zu investieren, was den Wert des Euro im Vergleich schwächen kann. Ein schwacher Euro kann zwar den Export begünstigen, macht jedoch Importe, insbesondere von Energie und Rohstoffen, teurer und belastet die Inflation weiter. Die EZB muss also die Stabilität des Euro im internationalen Wettbewerb aufrechterhalten, um das Vertrauen in die Währung zu bewahren.

3. Maßnahmen der EZB zur Stabilisierung der Eurozone

Angesichts dieser Herausforderungen hat die EZB in den letzten Jahren verschiedene Maßnahmen ergriffen, um die Eurozone zu stabilisieren:

- **Zinserhöhungen**: Seit 2022 hat die EZB begonnen, die Zinsen schrittweise zu erhöhen, um die steigende Inflation zu bekämpfen. Diese Maßnahme soll die Nachfrage dämpfen und die Preissteigerungen kontrollieren. Gleichzeitig ist die EZB jedoch vorsichtig, die Zinsen nicht zu stark anzuheben, um wirtschaftliche Abschwächungen und Belastungen für die Staatsverschuldung zu vermeiden.

- **Neuausrichtung der Anleihekaufprogramme**: Die EZB hat das Volumen der Anleihekäufe reduziert und signalisiert, dass sie diese Maßnahmen langfristig zurückfahren wird, um die Inflation weiter zu kontrollieren. Die Anleihekaufprogramme haben zwar die Märkte während der Krisen gestützt, erhöhen jedoch die Geldmenge und tragen langfristig zur Inflation bei.

- **Fokus auf Nachhaltigkeit und Klimapolitik**: Die EZB hat begonnen, die Auswirkungen des Klimawandels auf die Finanzmärkte und die Wirtschaft zu berücksichtigen. Sie strebt an, nachhaltige Investitionen zu fördern und klimabezogene Risiken zu überwachen, da der Klimawandel ein zunehmendes Risiko für die wirtschaftliche Stabilität darstellt. Diese neue Ausrichtung könnte langfristig den Weg zu einer „grünen" Währungspolitik ebnen, die Umweltziele unterstützt.

4. Die Zukunft der EZB und der europäischen Währungspolitik

Die EZB steht vor der Aufgabe, die europäische Währungspolitik in einer zunehmend komplexen globalen Wirtschaft zu navigieren. Der Übergang zu nachhaltigen Investitionen, die Digitalisierung der Wirtschaft und die Herausforderungen durch geopolitische Spannungen stellen die EZB vor neue Anforderungen. Dazu kommt der mögliche Wandel hin zu **digitalen Währungen**. Die EZB prüft derzeit die Einführung eines „Digitalen Euro", der das Bargeld nicht ersetzen, sondern ergänzen soll. Ein digitaler Euro könnte Zahlungen sicherer und schneller machen und die Stellung des Euro auf den internationalen Märkten stärken.

Herausforderungen:

1. **Balance zwischen Inflation und Wirtschaftswachstum**: Die EZB muss die Inflation kontrollieren, ohne das Wachstum abzuwürgen – eine schwierige Gratwanderung, die sie durch eine kluge Zinspolitik bewältigen muss.

2. **Ungleichheiten in der Eurozone**: Die unterschiedlichen wirtschaftlichen Realitäten der Mitgliedsländer erschweren eine einheitliche Geldpolitik. Ein starker Euro ist nicht für alle Länder gleich vorteilhaft.

3. **Hohe Verschuldung**: Die Staatsverschuldung vieler Länder macht es schwierig, die Geldpolitik unabhängig von fiskalischen Überlegungen zu steuern, da die EZB Krisen in diesen Ländern verhindern will.

4. **Einführung des Digitalen Euro**: Der digitale Euro könnte die Art und Weise, wie wir bezahlen, revolutionieren, stellt aber auch eine technologische und organisatorische Herausforderung dar.

Ziel:

Dieses Kapitel beleuchtet die Realität und die Komplexität der europäischen Währungspolitik. Die Leser erfahren, wie die EZB durch verschiedene Instrumente und Strategien versucht, den Euro stabil zu halten und die wirtschaftlichen Interessen der Eurozone auszubalancieren. Sie sehen, dass die Währungspolitik Europas ein schwieriges Unterfangen ist, das sorgfältige Entscheidungen erfordert, um die unterschiedlichen Bedürfnisse der Mitgliedsländer und die Herausforderungen einer globalisierten Weltwirtschaft in Einklang zu bringen. Dieses Kapitel bildet die Grundlage, um die nächsten Schritte und zukünftigen Entwicklungen der europäischen Währungspolitik und ihre Bedeutung für Europa zu verstehen.

KAPITEL 5: EINWANDERN UND ARBEITEN OHNE GRENZEN?

Europa ist ein Kontinent mit vielfältigen Kulturen, Sprachen und wirtschaftlichen Möglichkeiten. Der Traum von offenen Grenzen und der freien Wahl des Arbeitsplatzes ist für viele Menschen ein wesentlicher Bestandteil der europäischen Idee. Mit der Schaffung des Schengen-Raums und der Einführung der Freizügigkeit für EU-Bürger wurde dieser Traum teilweise Wirklichkeit. Doch die Realität ist komplexer: Die Freizügigkeit gilt nur für EU-Bürger, und Arbeitsmigranten aus Drittstaaten stoßen oft auf Hürden. In diesem Kapitel werfen wir einen genauen Blick auf die Freizügigkeit, die Herausforderungen der europäischen Migrationspolitik und die Vision einer grenzenlosen Arbeitswelt.

Die Idee eines Europas ohne Grenzen entwickelte sich aus dem Wunsch heraus, wirtschaftlichen Wohlstand und Stabilität auf dem gesamten Kontinent zu fördern. Die Freizügigkeit innerhalb der Europäischen Union erlaubt es Bürgern der Mitgliedsstaaten, in anderen EU-Ländern zu leben und zu arbeiten, ohne ein Visum oder eine Arbeitserlaubnis zu benötigen. Dieses Recht zur Freizügigkeit, das mit dem Vertrag von Maastricht 1992 festgelegt wurde, ist eine der Grundfreiheiten der EU und gilt als Meilenstein in der Geschichte Europas.

Doch die Freizügigkeit innerhalb der EU ist nicht ganz so einfach, wie es zunächst scheint. Zwar haben EU-Bürger die Möglichkeit, in anderen Ländern zu leben und zu arbeiten, aber es gibt dennoch Barrieren, vor allem für Menschen aus Nicht-EU-Ländern. Die europäische Migrationspolitik ist komplex und oft mit hohen bürokratischen Anforderungen verbunden. Menschen, die aus Drittstaaten einreisen möchten, um in der EU zu arbeiten, benötigen oft eine Arbeitserlaubnis oder ein Visum und müssen strenge Anforderungen erfüllen. Zudem sind die Bestimmungen in den einzelnen EU-Ländern unterschiedlich, was die Umsetzung einer einheitlichen Migrationspolitik erschwert.

Ein bedeutender Schritt zur Öffnung der Grenzen war die Schaffung des **Schengen-Raums** im Jahr 1995. Der Schengen-Raum umfasst heute 27 europäische Länder, in denen der Grenzübertritt ohne Passkontrollen möglich ist. Schengen hat das Reisen und den Handel zwischen den Ländern vereinfacht und den Menschen die Möglichkeit gegeben, sich freier zu bewegen. Doch Schengen gilt vor allem für Touristen und Kurzaufenthalte, während das Recht auf Arbeit und Ansiedlung stärker reguliert ist.

1. Vorteile der Freizügigkeit und des offenen Arbeitsmarkts

Die Freizügigkeit bringt zahlreiche Vorteile für die Bürger und die Wirtschaft der EU mit sich. Menschen können dort leben und arbeiten, wo sie die besten Möglichkeiten finden, und Unternehmen haben Zugang zu einem größeren Pool an Fachkräften. Besonders für junge Menschen und Fachkräfte aus Ländern mit hoher Arbeitslosigkeit bietet die Freizügigkeit die Chance, in andere EU-Länder zu ziehen und ihre beruflichen Perspektiven zu verbessern.

Für die Wirtschaft bedeutet dies eine höhere Flexibilität und die Möglichkeit, Engpässe im Arbeitsmarkt auszugleichen. Ein polnischer Ingenieur kann ohne großen bürokratischen Aufwand in Deutschland arbeiten, ein spanischer Arzt in Schweden praktizieren. Diese Mobilität stärkt die europäische Wirtschaft und fördert das Wirtschaftswachstum, da Arbeitskräfte effizienter verteilt werden.

2. Herausforderungen und Grenzen der Freizügigkeit

Die Freizügigkeit innerhalb der EU ist jedoch nicht ohne Herausforderungen. Insbesondere in Zeiten wirtschaftlicher Unsicherheit wächst die Skepsis gegenüber offenen Grenzen. Einige Länder befürchten, dass die Freizügigkeit zu einem „Sozialtourismus" führen könnte, bei dem Menschen in wohlhabendere Länder ziehen, um von deren Sozialsystemen zu profitieren. Diese Bedenken führten zu Debatten über mögliche Einschränkungen der Freizügigkeit und den Zugang zu sozialen Leistungen für Migranten.

Ein weiteres Problem ist die **ungleiche Verteilung von Arbeitskräften**. Hochqualifizierte Arbeitskräfte aus ärmeren EU-Ländern wie Bulgarien oder Rumänien ziehen oft in wirtschaftlich stärkere Länder wie Deutschland oder Frankreich, um dort besser bezahlte Arbeit zu finden. Diese Abwanderung von Fachkräften führt zu einem „Brain Drain" in den Herkunftsländern, die dadurch ihre qualifiziertesten Arbeitskräfte verlieren und Schwierigkeiten haben, ihre eigenen Wirtschaften zu stärken.

Auch für Migranten aus Drittstaaten sind die Hürden zur Arbeitsaufnahme in der EU hoch. Die Anforderungen an Sprachkenntnisse, Qualifikationen und Arbeitsverträge sind streng, und viele Drittstaatler erhalten nur eine befristete Arbeitsgenehmigung. Dies schränkt nicht nur deren wirtschaftliche Chancen ein, sondern erschwert auch ihre Integration in die Gesellschaften der EU-Länder.

3. Die europäische Migrationspolitik und ihre Reformen

Um die Herausforderungen der Migration und Integration anzugehen, hat die EU in den letzten Jahren Reformen ihrer Migrationspolitik angestrebt. Der **EU-Migrationspakt**, der 2020 vorgeschlagen und 2024 beschlossen wurde, setzt auf eine verstärkte Zusammenarbeit der Mitgliedsländer bei der Aufnahme und Integration von Migranten. Ziel ist es, faire Standards für Asylverfahren und Arbeitsmigration zu schaffen, die in allen Mitgliedsländern gelten.

Der Migrationspakt beinhaltet Maßnahmen zur besseren Verteilung von Asylbewerbern, zur Stärkung der Außengrenzen und zur Förderung legaler Migration. Insbesondere der Zugang zum Arbeitsmarkt für hochqualifizierte Migranten soll durch das „Blaue-Karte-Programm" erleichtert werden. Die Blaue Karte ist eine Arbeits- und Aufenthaltserlaubnis für hochqualifizierte Arbeitskräfte aus Nicht-EU-Ländern und soll es diesen ermöglichen, leichter in der EU Fuß zu fassen und einen langfristigen Beitrag zur Wirtschaft zu leisten.

Der Pakt stellt einen Schritt in Richtung eines einheitlicheren Systems dar, aber die Umsetzung ist schwierig, da die einzelnen Mitgliedsländer unterschiedliche Interessen und Prioritäten haben. Während Länder wie Deutschland und Schweden eher eine offene Migrationspolitik unterstützen, befürchten andere Länder, wie Ungarn und Polen, dass eine zu liberale Migrationspolitik zu einer Überlastung der Sozialsysteme führen könnte.

4. Zukunftsvision: Ein Europa ohne Grenzen?

Der Traum eines Europas ohne wirtschaftliche und geografische Grenzen bleibt eine Vision. Für EU-Bürger ist die Freizügigkeit ein weitgehend erfüllter Wunsch, aber die Vorstellung einer vollständig offenen Arbeitswelt für Menschen aus allen Teilen der Welt ist noch fern. Doch die EU könnte sich in Zukunft für qualifizierte Arbeitskräfte aus Nicht-EU-Ländern weiter öffnen. Angesichts des demografischen Wandels und des Fachkräftemangels in vielen EU-Ländern wird die Anwerbung qualifizierter Fachkräfte immer wichtiger.

Die Idee einer grenzenlosen Arbeitswelt innerhalb Europas könnte auch auf Drittländer erweitert werden, indem die Anforderungen für bestimmte Arbeitskräfte gelockert und Aufenthaltsbedingungen erleichtert werden. Vorstellbar ist ein System, bei dem qualifizierte Arbeitskräfte aus aller Welt die Möglichkeit erhalten, in der EU zu arbeiten, solange sie eine Arbeit aufnehmen und sich aktiv am Wirtschaftsleben beteiligen. In einer solchen Zukunft könnten flexible Arbeitsmigrationsprogramme entwickelt werden, die es den Menschen ermöglichen, ihre Arbeitskraft dort anzubieten, wo sie am meisten gebraucht wird, ohne komplexe Visaverfahren.

Herausforderungen:

1. **Sozial- und Wirtschaftsungleichheit:** Offene Grenzen könnten soziale Spannungen verstärken, wenn Migranten in wohlhabendere Länder ziehen, ohne dass ein einheitliches System zur sozialen Integration besteht.

2. **Ungleiche Verteilung von Arbeitskräften:** Die Abwanderung von Fachkräften in wohlhabendere Länder führt zu einem Fachkräftemangel in den ärmeren EU-Ländern, die ihre wirtschaftliche Stabilität verlieren könnten.

3. **Widerstand gegen Migrationspolitik:** Unterschiedliche politische und kulturelle Einstellungen der EU-Mitgliedsstaaten erschweren die Einführung einer gemeinsamen Migrationspolitik.

4. **Integration und Sprachbarrieren:** Die Eingliederung in die Gesellschaften der verschiedenen EU-Länder bleibt eine Herausforderung, da Sprachbarrieren und kulturelle Unterschiede bestehen, die die soziale Integration erschweren.

Ziel:

Dieses Kapitel beleuchtet die Möglichkeiten und Hürden der Freizügigkeit und der Arbeitsmigration in Europa. Die Leser verstehen, dass ein Europa ohne Grenzen für seine Bürger bereits Realität ist, während die Vision eines offenen Arbeitsmarkts für Menschen aus aller Welt noch viele Hindernisse mit sich bringt. Gleichzeitig wird deutlich, wie wichtig eine geregelte Migrationspolitik für die europäische Wirtschaft und den sozialen Zusammenhalt ist. Die Leser erkennen, dass eine grenzenlose Arbeitswelt eine Vision ist, die in Europa realisierbar sein könnte, aber nur, wenn alle Mitgliedsländer gemeinsam an einer fairen und ausgewogenen Lösung arbeiten.

KAPITEL 6: EIN FINANZSYSTEM FÜR DIE MENSCHEN

Steuern. Für die meisten von uns ist das Wort schon mit einem leichten Seufzen verbunden. Und wer könnte es uns verübeln? In Europa, mit seinen unterschiedlichen Steuerregeln und komplexen Systemen, bleibt oft das Gefühl zurück, dass die Lasten nicht gleichmäßig verteilt und die Ausgaben ineffizient verwaltet werden. Aber was wäre, wenn unser Steuersystem gerechter, einfacher und transparenter wäre? Wenn die Mittel dort ankämen, wo sie wirklich gebraucht werden? In diesem Kapitel erkunden wir das heutige Steuersystem in Europa, sehen uns die Schwachstellen an und denken über eine Vision nach: Ein Finanzsystem, das wirklich den Menschen dient, das Wachstum fördert und jedem mehr Freiheiten bietet. Es wird spannend, denn hier geht es um mehr als nur Prozentsätze und Paragraphen – es geht um das Potenzial eines schlanken, gerechteren Staates.

Das europäische Steuersystem ist ein Puzzle aus verschiedenen Steuersätzen, Abgaben und Regularien. Jedes Land hat seine eigenen Vorschriften und Steuerarten, von der Einkommenssteuer über die Unternehmenssteuer bis hin zu Konsum- und Kapitalertragssteuern. Während in einigen Ländern, wie z. B. Schweden und Dänemark, hohe Steuersätze lange akzeptiert werden, herrscht in anderen Ländern oft Unmut darüber, wie die Gelder verwendet werden und ob sie tatsächlich den Bürgern zugutekommen. Der Grund für diese Kritik ist oft der gleiche: Viele Menschen haben das Gefühl, dass die Steuern und Abgaben zwar hoch sind, der Nutzen jedoch gering.

Europa hat eines der höchsten Steuer- und Abgabenniveaus weltweit. In Deutschland etwa lag der durchschnittliche Steuersatz für einen Durchschnittsverdiener im Jahr 2023 bei rund 40 % – ein erheblicher Anteil des Einkommens geht also an den Staat. Unternehmen sind ebenfalls von hohen Steuersätzen betroffen, was besonders kleinen und mittelständischen Unternehmen oft zu schaffen macht. Wenn man bedenkt, dass viele dieser Unternehmen als Innovationsmotoren und Arbeitsplatzgeber fungieren, wird klar, dass eine Entlastung hier einen positiven Effekt auf das gesamte Wirtschaftssystem haben könnte.

Ein weiteres Problem liegt in der **Komplexität des Steuersystems**. Steuerberater und Buchhalter sind in Europa eine sichere Investition, denn für die meisten Bürger und Unternehmen ist das System schlichtweg zu kompliziert, um es allein zu bewältigen. Allein die Einkommenssteuererklärung kann zur Herausforderung werden. Viele empfinden das System als undurchsichtig, und oft bleibt das Gefühl, dass der Staat unnötig aufbläht und ineffizient agiert. Die verschiedenen Steuersätze und Abzugsregelungen in den einzelnen Ländern sorgen dafür, dass viele Menschen das System nicht durchschauen und misstrauisch gegenüber der Frage sind, wohin ihre Steuergelder fließen.

1. Wo die Probleme liegen: Hohe Steuern und ungleiche Verteilung

Die hohen Steuersätze sind für viele Menschen ein Grund zur Frustration. Besonders für Bürger und kleine Unternehmen, die keine Möglichkeiten zur Steueroptimierung haben, bleibt oft das Gefühl, dass sie einen großen Teil ihres Einkommens an den Staat abgeben, ohne proportionalen Nutzen daraus zu ziehen. Während große Konzerne oft legale Steuerschlupflöcher nutzen können und im Vergleich weniger Prozent ihres Einkommens oder Gewinns an Steuern zahlen, bleibt die Last der kleinen Steuerzahler hoch.

Hinzu kommt, dass die Ausgaben oft als ineffizient wahrgenommen werden. Viele Menschen fragen sich, warum ihre Steuergelder in überfüllte Verwaltungsapparate und ineffiziente Projekte fließen. Ob es nun um den Bau einer neuen Infrastruktur geht, die Jahre hinter dem Zeitplan liegt und das Budget sprengt, oder um öffentliche Dienstleistungen, die den Ansprüchen nicht gerecht werden – das Vertrauen der Bürger in die effiziente Nutzung der Mittel ist oft gering. Diese Ineffizienz und das Gefühl, dass die Verwaltung „zu viel Bürokratie" umfasst, führen dazu, dass viele Menschen das Steuersystem als Belastung empfinden, anstatt den Nutzen zu erkennen.

2. Die Chancen einer Reform: Gerechtigkeit und Transparenz

Stellen wir uns eine Alternative vor: Ein Steuersystem, das einfach und fair ist, das den Bürgern das Gefühl gibt, dass ihre Mittel sinnvoll eingesetzt werden. Viele Experten und Politiker fordern seit Jahren eine Reform, die das Steuersystem transparent, verständlich und effizient machen soll. Die Grundidee ist, dass ein **gerechtes und transparentes System** den Menschen mehr Freiheit und Motivation bieten könnte, ihr Einkommen und Vermögen zu steigern, ohne das Gefühl, dass ein großer Teil ihres Erfolgs „wegbesteuert" wird.

Ein effizienteres Steuersystem könnte auch wirtschaftliches Wachstum fördern, indem es den Innovationsdrang und den Unternehmergeist stärkt. Wenn kleine und mittelständische Unternehmen – oft die Basis für innovative Ideen – weniger Steuern zahlen und dafür mehr Kapital für Investitionen und Forschung haben, profitieren langfristig alle davon. Ein transparenteres System würde zudem das Vertrauen in den Staat stärken, da die Bürger klarer nachvollziehen könnten, wohin ihre Steuergelder fließen und wie sie verwendet werden.

3. Die Vision eines idealen Finanzsystems

Ein Finanzsystem, das den Menschen dient – das klingt fast wie eine Utopie, doch es ist nicht unmöglich. Die Vision wäre ein schlanker Staat mit einer durchdachten Steuerpolitik, die niedrigere Steuersätze mit bewusstem Einsatz der Mittel kombiniert. In diesem idealen System wären Steuern nicht nur eine Pflicht, sondern auch eine Investition in die Gesellschaft, deren Vorteile jeder Bürger unmittelbar spüren könnte.

Stellen wir uns vor: Bürger zahlen weniger Steuern und können gleichzeitig sicher sein, dass ihre Mittel effizient genutzt werden. Der Staat setzt die Steuergelder gezielt für Bildung, Gesundheitswesen, Infrastruktur und Digitalisierung ein – Bereiche, von denen jeder profitiert. Die Verwaltung ist digitalisiert, wodurch Prozesse schneller und transparenter werden. Anträge und Steuererklärungen können einfach online eingereicht werden, und der Bürger hat jederzeit Einblick, wie seine Gelder verwendet werden.

In diesem idealen System könnten auch Unternehmen profitieren. Mit niedrigeren Unternehmenssteuern und klaren Abzugsregelungen wäre es attraktiver, Investitionen zu tätigen und Arbeitsplätze zu schaffen. Die Bürokratie wäre auf ein Minimum reduziert, und Gründer könnten ihre Ideen schneller umsetzen. Das würde nicht nur den Wettbewerb stärken, sondern auch die Innovationskraft Europas fördern. Ein solches Finanzsystem könnte Europa zu einem noch attraktiveren Standort für Unternehmen machen und gleichzeitig die Steuerlast fairer verteilen.

4. Der Weg dorthin: Was eine Reform bewirken könnte

Um diesen Weg zu beschreiten, müsste die Steuerpolitik europäisch gedacht werden. Ein einheitliches und transparentes System könnte die Staaten enger zusammenbringen und ein gewisses Maß an Harmonisierung zwischen den Ländern schaffen. Natürlich wäre dies eine Herausforderung, da jedes Land eigene Prioritäten und wirtschaftliche Voraussetzungen hat. Doch eine Reform könnte die Länder dazu motivieren, ihre Systeme anzupassen und in Effizienz zu investieren.

Ein gemeinsames, gerechteres Finanzsystem könnte so aussehen, dass die Länder sich auf Grundsteuersätze einigen und ihre eigenen Abgabesysteme vereinfachen. Denkbar wäre etwa, dass jede Steuerart für die Bürger nachvollziehbar und in klaren Stufen gegliedert ist. Auch könnten Regeln für die Steuereinnahmen und -ausgaben so definiert werden, dass sie leicht verständlich sind und dem Bürger direkt zugutekommen.

Die Einführung moderner Technologien und digitaler

Plattformen könnte den Prozess erheblich erleichtern. Digitale Steuerportale und Plattformen, die Bürgern klare Informationen und einfache Prozesse bieten, würden das Steuersystem fairer und weniger undurchsichtig machen. Die Digitalisierung könnte auch für den Staat Vorteile bringen, da sie Kosten für Verwaltung und Bearbeitung reduziert und so mehr Mittel für tatsächliche Projekte freisetzt.

Herausforderungen:

1. **Politische Komplexität**: Die Steuerpolitik ist oft ein sensibles Thema, und eine umfassende Reform würde intensive Verhandlungen zwischen den Mitgliedsstaaten erfordern, die unterschiedliche Interessen und Prioritäten haben.

2. **Vertrauensaufbau**: Viele Bürger sind skeptisch gegenüber einer Reform und befürchten, dass sie mehr zahlen müssen oder die Verwaltung nicht effizienter wird. Es braucht transparente Maßnahmen, um das Vertrauen wiederherzustellen.

3. **Technologische Umsetzung**: Die Digitalisierung des Steuersystems ist eine große technische und organisatorische Herausforderung. Ein solches Projekt erfordert Investitionen in Technologie und Sicherheit sowie die Schulung der Mitarbeiter.

4. **Bekämpfung von Steuerflucht**: Eine faire Steuerpolitik muss auch Mechanismen umfassen, um Steuerflucht und Steuervermeidung zu

reduzieren, damit Unternehmen und Bürger gleichermaßen zur Finanzierung der Gesellschaft beitragen.

Ziel:

Dieses Kapitel zeigt, dass ein faires und transparentes Steuersystem nicht nur eine Vision, sondern eine notwendige Veränderung ist, um die Wirtschaft und das Vertrauen in Europa zu stärken. Die Leser erkennen, dass eine gerechtere Steuerpolitik und eine schlanke Verwaltung das Potenzial haben, die wirtschaftliche Entwicklung voranzutreiben und den Menschen mehr finanzielle Freiheiten zu bieten. Die Vision eines Finanzsystems, das wirklich für die Menschen arbeitet, könnte Europa langfristig zu einem Ort machen, an dem Wohlstand und Stabilität Hand in Hand gehen – ein europäisches Modell, das nicht nur wirtschaftlich, sondern auch sozial überzeugt.

KAPITEL 7: MINDERHEITEN STÄRKEN – FÜR EIN INKLUSIVES EUROPA

Europa ist bekannt für seine Vielfalt – eine bunte Mischung aus Kulturen, Traditionen, Sprachen und Lebensweisen. Doch diese Vielfalt bringt auch Herausforderungen mit sich. Während die Mehrheit der Bevölkerung relativ gleiche Chancen auf politische Repräsentation und soziale Teilhabe hat, kämpfen viele Minderheiten in Europa weiterhin mit sozialen, wirtschaftlichen und politischen Barrieren. Doch was wäre, wenn Europa wirklich jedem Menschen, unabhängig von Herkunft, Religion, sexueller Orientierung oder sozialem Hintergrund, die gleichen Chancen bieten könnte? In diesem Kapitel werfen wir einen Blick auf die aktuellen Bemühungen, die Rechte und die Repräsentation von Minderheiten zu stärken, und entwickeln eine Vision von einem Europa, in dem jede Stimme zählt.

Europa hat in den letzten Jahrzehnten große Fortschritte im Bereich der Minderheitenrechte gemacht. Mit Gesetzen gegen Diskriminierung, Förderprogrammen und zahlreichen Initiativen auf nationaler und EU-Ebene ist ein Rahmen geschaffen worden, um die Rechte von Minderheiten zu schützen und Chancengleichheit zu fördern. Doch die Umsetzung ist nicht immer einfach. Minderheiten stoßen in vielen europäischen Ländern nach wie vor auf erhebliche Hürden und werden oft durch systematische und soziale Barrieren in ihren Möglichkeiten eingeschränkt.

Die EU hat es sich zur Aufgabe gemacht, **Diskriminierung in all ihren Formen** zu bekämpfen und gleiche Chancen für alle zu schaffen. Die **Charta der Grundrechte der Europäischen Union** ist eine der wichtigsten Grundlagen für den Schutz von Minderheitenrechten. Sie garantiert allen Bürgern der EU grundlegende Rechte, einschließlich der Rechte auf Gleichheit und Nichtdiskriminierung. Zudem wurden in den letzten Jahren EU-weite Richtlinien und Maßnahmen erlassen, um Minderheiten besser zu integrieren und ihnen die gleichen Chancen auf dem Arbeitsmarkt, im Bildungswesen und im sozialen Bereich zu bieten.

In der Praxis bedeutet dies, dass beispielsweise Arbeitnehmer vor Diskriminierung aufgrund ihrer Religion, ethnischen Herkunft oder sexuellen Orientierung geschützt sind. Auch im Bildungsbereich und in der Gesundheitsversorgung gibt es Bemühungen, Diskriminierung abzubauen und Barrieren für Minderheiten zu senken. Dennoch bleibt die vollständige Integration oft eine Herausforderung. Menschen mit Migrationshintergrund, Roma, LGBTQ+-Personen oder religiöse Minderheiten haben nach wie vor oft

Schwierigkeiten, die gleichen Möglichkeiten zu erhalten wie die Mehrheit der Bevölkerung.

1. Herausforderungen: Die sozialen und politischen Barrieren

Einer der größten Hürden ist die soziale Diskriminierung, die oft subtil und schwer fassbar ist. Selbst wenn gesetzliche Regelungen Diskriminierung verbieten, sind Vorurteile und gesellschaftliche Normen oft tief verankert und führen zu Benachteiligungen im Alltag. Beispielsweise erleben Menschen mit Migrationshintergrund oder Angehörige der LGBTQ+-Community immer noch Diskriminierung bei der Arbeitsplatzsuche oder im Wohnungsmarkt.

Eine weitere Herausforderung ist die **politische Repräsentation**. Minderheiten sind in den politischen Entscheidungsprozessen oft unterrepräsentiert. Die Parlamente der europäischen Länder spiegeln selten die ethnische oder kulturelle Vielfalt ihrer Bevölkerung wider, und die Interessen von Minderheiten bleiben daher oft ungehört. Die politische Teilhabe wird nicht nur durch direkte Barrieren eingeschränkt, sondern auch durch den Mangel an Vertretern, die sich aktiv für die Belange von Minderheiten einsetzen.

Zudem gibt es strukturelle Herausforderungen in Bereichen wie Bildung und Arbeitsmarktintegration. Kinder aus Minderheitengruppen haben oft weniger Zugang zu hochwertiger Bildung, was sich auf ihre langfristigen Chancen auswirkt. Auf dem Arbeitsmarkt erleben Minderheiten häufiger Diskriminierung und sind überproportional oft von Arbeitslosigkeit betroffen.

2. Chancen: Ein inklusives Europa als Modell der sozialen Gerechtigkeit

Die Stärkung der Rechte und Möglichkeiten von Minderheiten bietet Europa eine große Chance: die Schaffung eines Modells für soziale Gerechtigkeit und Vielfalt. Ein inklusives Europa könnte sich als Vorreiter in der Förderung von Gleichberechtigung und kulturellem Austausch etablieren. Studien zeigen, dass eine vielfältige Gesellschaft nicht nur gerechter, sondern auch innovativer und wirtschaftlich erfolgreicher ist. Menschen unterschiedlicher Hintergründe bringen verschiedene Perspektiven, Ideen und Fähigkeiten mit, die Kreativität und Problemlösungsfähigkeiten fördern.

Wenn Europa es schafft, Minderheiten wirklich zu integrieren, könnte dies das Potenzial für sozialen und wirtschaftlichen Fortschritt erheblich steigern. Unternehmen profitieren von vielfältigen Teams, die global denken und sich besser an Veränderungen anpassen können. Ein inklusives Europa könnte nicht nur ein Symbol für Menschenrechte und Gleichberechtigung sein, sondern auch einen wirtschaftlichen Vorteil bieten, indem es die gesamte Bandbreite an Talenten und Fähigkeiten nutzt.

3. Die Vision: Ein Europa, das wirklich für alle da ist

Stellen wir uns ein Europa vor, in dem Minderheiten nicht nur gesetzlich geschützt sind, sondern auch aktiv gefördert und integriert werden. In diesem idealen Europa haben alle Gruppen eine gleichberechtigte Stimme in der Gesellschaft. Das bedeutet, dass in den politischen Gremien Vertreter verschiedener Minderheitengruppen vertreten sind, die ihre Perspektiven einbringen und ihre Interessen vertreten können.

Ein solches Europa würde spezielle Programme anbieten, die nicht nur gegen Diskriminierung arbeiten, sondern auch die Chancengleichheit proaktiv fördern. Beispielhaft könnten Bildungsinitiativen geschaffen werden, die gezielt Kinder aus benachteiligten Minderheitengruppen fördern und ihnen Zugang zu qualitativ hochwertiger Bildung bieten. Auf dem Arbeitsmarkt könnten Programme eingeführt werden, die gezielt die Integration von Minderheiten unterstützen, sei es durch Praktika, Weiterbildungsmöglichkeiten oder Mentoring-Programme.

In dieser Vision wäre die EU auch ein globaler Vorreiter in Sachen Menschenrechte. Ein solches Europa könnte durch spezielle Förderprogramme und Gesetze die Rechte von Minderheiten schützen und gleichzeitig den kulturellen Austausch und die Toleranz fördern. Religionsfreiheit und kulturelle Identität wären in einem inklusiven Europa nicht nur toleriert, sondern aktiv unterstützt und geschätzt.

Ein weiteres zentrales Element dieser Vision wäre ein stärkerer Fokus auf **Bildung und Sensibilisierung**. Schulen und Universitäten könnten mehr über die Vorteile der Vielfalt und die Bedeutung von Toleranz und Inklusion lehren. Durch ein besseres Verständnis für unterschiedliche Kulturen, Traditionen und Lebensweisen könnte das Bewusstsein für soziale Gerechtigkeit wachsen und Vorurteile abgebaut werden.

4. Wege zur Umsetzung: Konkrete Schritte für ein inklusiveres Europa

Um eine solche Vision Realität werden zu lassen, braucht es konkrete Maßnahmen und langfristige Programme. Die EU könnte verstärkt Mittel für Bildungs- und Arbeitsmarktprogramme bereitstellen, die gezielt auf die Integration von Minderheiten ausgerichtet sind. Ein

Beispiel wäre die Schaffung von Austauschprogrammen und Förderprojekten, die Minderheiten eine Stimme geben und sie aktiv in die Gesellschaft einbinden.

Eine Möglichkeit wäre auch die Einführung von Quoten für die politische Repräsentation von Minderheiten in lokalen und nationalen Parlamenten. Dies könnte sicherstellen, dass Minderheitengruppen auch auf politischer Ebene eine Stimme haben und dass ihre Interessen besser vertreten werden. Die Einführung solcher Maßnahmen müsste natürlich behutsam und in Absprache mit den Mitgliedstaaten erfolgen, da die Umsetzung und Akzeptanz in den einzelnen Ländern unterschiedlich ist.

Ein weiterer Ansatz ist die Förderung von Unternehmen, die sich aktiv für die Integration von Minderheiten einsetzen. Beispielsweise könnten Unternehmen, die Diversity-Programme umsetzen und integrative Arbeitsbedingungen schaffen, von der EU belohnt oder gefördert werden. Ein solches System würde Anreize schaffen, ein Umfeld zu schaffen, in dem jeder Mensch, unabhängig von seiner Herkunft oder Identität, die gleichen Chancen hat.

Herausforderungen:

1. **Gesellschaftliche Vorurteile und Diskriminierung**: Vorurteile sind oft tief verankert und lassen sich nicht allein durch gesetzliche Maßnahmen abbauen. Hier sind Bildung und Aufklärung nötig, um langfristig eine Kultur der Offenheit und Akzeptanz zu schaffen.

2. **Politische Akzeptanz**: Die Idee einer

umfassenden Integration und Förderung von Minderheiten ist nicht in allen Mitgliedsländern gleich beliebt. Einige Länder stehen einer umfassenden Minderheitenpolitik skeptisch gegenüber, was die Einführung EU-weiter Maßnahmen erschwert.

3. **Ressourcen und Finanzierung**: Die Förderung von Minderheiten und der Aufbau eines integrativen Systems erfordern erhebliche Mittel und Ressourcen. Die EU müsste die Finanzierung sicherstellen und sicherstellen, dass die Programme effektiv und nachhaltig sind.

4. **Integration in Bildung und Arbeitsmarkt**: Die Integration in den Arbeitsmarkt und den Bildungsbereich ist oft mit strukturellen Hürden verbunden, die überwunden werden müssen, um Chancengleichheit zu gewährleisten.

Ziel:

Dieses Kapitel zeigt auf, wie wichtig eine umfassende und nachhaltige Integration von Minderheiten für ein zukunftsfähiges Europa ist. Ein Europa, das Minderheiten nicht nur toleriert, sondern aktiv fördert, kann zum Modell für soziale Gerechtigkeit und Vielfalt werden. Die Leser verstehen, dass eine inklusive Gesellschaft nicht nur gerechter, sondern auch kreativer und erfolgreicher ist. Ein Europa, das allen Menschen eine gleichberechtigte Stimme gibt, kann langfristig eine positive gesellschaftliche und wirtschaftliche Entwicklung vorantreiben und Vorbild für die Welt sein.

KAPITEL 8: BÜROKRATIE – VOM HEUTIGEN DSCHUNGEL ZUR TRANSPARENTEN ZUKUNFT

Das Wort „Bürokratie" löst bei vielen Menschen ein Stöhnen aus – sei es wegen langwieriger Antragsprozesse, komplizierter Formulare oder endloser Wartezeiten. Oft fühlt es sich an, als würde man durch einen dichten Dschungel aus Papier und Vorschriften kämpfen, ohne klaren Weg nach vorn. Doch wie ist es möglich, dass wir im digitalen Zeitalter immer noch an einem bürokratischen System festhalten, das oft ineffizient und kostenintensiv ist? In diesem Kapitel beleuchten wir die Schwächen der heutigen Bürokratie und skizzieren eine Vision von einem verschlankten, digitalen und transparenten System. Dabei wird deutlich, wie ein solcher Wandel den Alltag der Bürger und Unternehmen erheblich erleichtern könnte.

Die Bürokratie ist ein wesentlicher Bestandteil des modernen Staates. Sie organisiert und verwaltet eine Vielzahl öffentlicher Aufgaben – vom Einwohnermeldeamt bis hin zur Steuerbehörde. Doch das bürokratische System in Europa ist über die Jahre komplex und schwerfällig geworden. Die Prozesse, die ursprünglich zur Effizienz und Fairness entwickelt wurden, sind oft überholt und haben sich in einigen Bereichen zu echten Hindernissen für den Alltag der Bürger und Unternehmen entwickelt.

In vielen europäischen Ländern ist die Bürokratie ein riesiges Netzwerk aus Vorschriften, Anträgen und Formularen. Um einen einfachen Antrag zu stellen, müssen oft zahlreiche Dokumente eingereicht werden, und es ist keine Seltenheit, dass Menschen zwischen verschiedenen Ämtern hin- und hergeschickt werden. Die Kosten für den Verwaltungsapparat sind hoch, und die Prozesse sind oft ineffizient, da viele Arbeiten noch manuell erledigt werden. Diese umständlichen Prozesse kosten nicht nur Zeit, sondern belasten auch die Staatskassen und führen zu Frustration bei den Bürgern.

Bürokratie ist jedoch nicht nur ein Hindernis im Alltag, sondern kann auch eine Hemmschwelle für die Wirtschaft sein. Besonders für kleine und mittelständische Unternehmen (KMU) stellen die bürokratischen Anforderungen oft eine Belastung dar. Jedes Mal, wenn ein neues Gesetz eingeführt oder eine Regel geändert wird, müssen Unternehmen Zeit und Ressourcen aufwenden, um sich an die neuen Vorschriften anzupassen. Besonders für Gründer und Start-ups ist die Bürokratie eine große Hürde, da sie oft mit wenig Kapital und Personal starten und sich auf ihr Kerngeschäft konzentrieren möchten.

1. Die heutigen Herausforderungen: Ineffizienz und

Kosten

Die Bürokratie in Europa ist oft von ineffizienten Prozessen geprägt, die unnötige Kosten verursachen. Die Vielzahl an Formularen und die langen Bearbeitungszeiten führen zu hohen Verwaltungskosten. Oft sind die Prozesse auch für die Mitarbeiter in den Ämtern umständlich und belasten deren Arbeitszeit. Die Bürger müssen mit langen Wartezeiten und aufwendigen Antragsverfahren rechnen, was nicht nur Frustration, sondern auch eine Kluft zwischen Bürgern und Verwaltung schafft. Auch wenn einige Fortschritte im Bereich der Digitalisierung gemacht wurden, zeigt sich oft, dass diese Systeme schwerfällig und langsam sind.

Ein weiteres Problem ist die **Komplexität der Bürokratie**. In vielen Bereichen ist es für Bürger und Unternehmen kaum nachvollziehbar, welche Vorschriften gelten und wie sie eingehalten werden müssen. Das führt zu einer gewissen Unsicherheit und einem erhöhten Aufwand, der vermieden werden könnte, wenn die Bürokratie einfacher und verständlicher gestaltet wäre.

Die hohe Komplexität und die langen Bearbeitungszeiten führen auch dazu, dass viele Menschen Dienstleistungen wie Steuerberater oder Anwälte in Anspruch nehmen müssen, um die Anforderungen zu erfüllen. Dies bedeutet zusätzliche Kosten für die Bürger und Unternehmen und verstärkt das Gefühl, dass die Bürokratie eine unnötige Hürde darstellt.

2. Chancen: Die Digitalisierung der Bürokratie

Die Digitalisierung bietet eine einzigartige Möglichkeit, die Bürokratie zu verschlanken und effizienter zu gestalten. Durch die Einführung digitaler Prozesse könnten viele Aufgaben automatisiert und somit schneller und kostengünstiger abgewickelt werden. Ein Beispiel dafür sind **digitale Antragsportale**, in denen Bürger und Unternehmen Anträge online einreichen, Unterlagen hochladen und den Bearbeitungsstand in Echtzeit einsehen können. In Estland, einem Vorreiter der digitalen Verwaltung, können die meisten Behördengänge bereits online erledigt werden. Dies spart nicht nur Zeit und Kosten, sondern erhöht auch die Transparenz und das Vertrauen der Bürger in die Verwaltung.

Ein digitalisiertes System könnte auch eine zentrale Datenbank enthalten, die es den Behörden ermöglicht, die benötigten Informationen selbst abzurufen, anstatt die Bürger jedes Mal nach denselben Dokumenten zu fragen. Dies würde nicht nur den Prozess für die Bürger erleichtern, sondern auch den Verwaltungsaufwand erheblich reduzieren. Durch eine einheitliche Datenbank könnten auch Fehler und Redundanzen vermieden werden, die bei der manuellen Bearbeitung oft auftreten.

Ein weiterer Vorteil der Digitalisierung ist die **Transparenz**. Bürger und Unternehmen könnten in einem digitalen System jederzeit einsehen, wo sich ihr Antrag befindet und wie lange die Bearbeitung noch dauert. Diese Transparenz würde das Vertrauen in die Verwaltung stärken und den Menschen das Gefühl geben, dass sie ernst genommen und ihre Anliegen effizient behandelt werden.

Die Digitalisierung würde auch die Zusammenarbeit zwischen den europäischen Ländern erleichtern. Eine harmonisierte Verwaltung, die auf gemeinsamen digitalen Standards basiert, könnte die grenzüberschreitende Bürokratie vereinfachen und den Zugang zu Dienstleistungen für Bürger aus anderen EU-Ländern verbessern. Dies wäre ein großer Schritt hin zu einem wirklich vereinten Europa, in dem Bürger und Unternehmen sich frei bewegen und arbeiten können, ohne auf bürokratische Hürden zu stoßen.

3. Die Vision: Ein schlanker und digitaler Staatsapparat

Stellen wir uns vor, wie ein verschlankter und digitalisierter Staatsapparat aussehen könnte. In diesem idealen System könnten Bürger und Unternehmen ihre Anliegen online einreichen und innerhalb kurzer Zeit eine Rückmeldung erhalten. Der gesamte Prozess wäre klar strukturiert und einfach nachzuvollziehen.

In einem solchen System wäre es möglich, dass sich die Bürger von jedem Ort aus anmelden und Formulare direkt am Computer oder sogar am Smartphone ausfüllen. Die persönliche Präsenz in Behörden wäre nur noch in Ausnahmefällen erforderlich, etwa bei der Ausstellung sensibler Dokumente. Alle anderen Prozesse könnten digital abgewickelt werden. Der Bürger könnte mit wenigen Klicks alle relevanten Dokumente hochladen, und das System würde diese automatisch prüfen und verarbeiten. Fehlende Unterlagen oder Unstimmigkeiten könnten sofort angezeigt und korrigiert werden, ohne dass der Antrag abgelehnt und neu eingereicht werden muss.

In diesem idealen System könnten Behörden über eine **zentrale Plattform** miteinander kommunizieren und relevante Daten austauschen. Bürger und Unternehmen müssten nicht länger dieselben Informationen an verschiedene Stellen weitergeben. Stattdessen würden die relevanten Behörden die Informationen selbst abrufen, was die Prozesse erheblich beschleunigen und die Verwaltungskosten senken würde.

Ein weiteres Merkmal dieses Systems wäre die vollständige **Transparenz**. Jeder Bürger könnte online verfolgen, wo sich sein Antrag befindet und wie lange die Bearbeitung noch dauern wird. Dadurch könnten Unsicherheiten und Frustrationen vermieden werden, und die Menschen würden die Verwaltung als dienstleistungsorientierter wahrnehmen. Für Unternehmen wäre ein solches System ebenfalls eine erhebliche Erleichterung. Der Zugang zu Lizenzen, Genehmigungen und anderen behördlichen Prozessen würde deutlich einfacher, und die Bürokratie wäre nicht mehr das Hindernis, das Innovationen und Wachstum ausbremst.

Ein verschlankter Staatsapparat könnte sich zudem stärker auf seine Kernaufgaben konzentrieren und Ressourcen effizienter einsetzen. Anstatt in komplexen Verwaltungsprozessen gefangen zu sein, könnten sich die Behörden auf die wichtigen Themen wie Bildung, Gesundheit und Sicherheit fokussieren. Die Digitalisierung und Verschlankung der Verwaltung könnte so einen positiven Dominoeffekt auf alle Bereiche des öffentlichen Lebens haben.

4. Schritte zur Umsetzung: Der Weg zur transparenten Verwaltung

Um eine solche Vision Wirklichkeit werden zu lassen, braucht es umfassende Reformen und Investitionen in Technologie und Infrastruktur. Der erste Schritt wäre die Einführung einer zentralen, EU-weiten Plattform, die die Behörden miteinander vernetzt und es ermöglicht, Anträge und Informationen digital zu verwalten.

Es wäre auch notwendig, die bestehenden Gesetze und Vorschriften zu überprüfen und gegebenenfalls anzupassen, um die Digitalisierung zu erleichtern. Viele Prozesse sind derzeit gesetzlich so geregelt, dass sie noch immer Papierdokumente und persönliche Präsenz erfordern. Ein Umdenken in der Gesetzgebung wäre entscheidend, um den Wandel zu beschleunigen und unnötige bürokratische Hürden abzubauen.

Ein weiteres wichtiges Element ist die **Schulung der Mitarbeiter**. Die Digitalisierung erfordert neue Fähigkeiten und Arbeitsweisen. Daher müssten die Mitarbeiter der öffentlichen Verwaltung für den Umgang mit digitalen Prozessen geschult werden. Auch die Sicherheit der Systeme wäre ein entscheidender Faktor. Um den Datenschutz zu gewährleisten und die persönlichen Daten der Bürger zu schützen, wären hohe Sicherheitsstandards notwendig.

Herausforderungen:

1. **Kultureller Wandel**: Die Einführung eines digitalen Verwaltungssystems erfordert einen Kulturwandel. Viele Bürger und Verwaltungsmitarbeiter sind es gewohnt, mit Papierdokumenten zu arbeiten, und stehen dem digitalen Wandel skeptisch gegenüber.

2. **Datenschutz und Sicherheit**: Ein digitales System muss sicher sein und den Datenschutz gewährleisten. Die Sicherung persönlicher Daten ist eine Herausforderung, die viel technisches Know-how und hohe Investitionen in Cybersicherheit erfordert.

3. **Investitionsbedarf**: Die Digitalisierung und Modernisierung der Bürokratie erfordert erhebliche Investitionen in Technologie, Infrastruktur und Schulungen. Der finanzielle Aufwand wäre zu Beginn hoch, könnte sich

jedoch langfristig auszahlen.

4. **Koordination zwischen Mitgliedstaaten**: Eine harmonisierte Bürokratie erfordert eine enge Zusammenarbeit der EU-Mitgliedstaaten. Unterschiedliche Systeme und Standards in den Ländern könnten die Implementierung erschweren.

Ziel:

Dieses Kapitel zeigt, dass die Bürokratie in ihrer heutigen Form veraltet und oft hinderlich ist. Eine moderne, digitalisierte Verwaltung könnte den Alltag der Menschen erheblich erleichtern und das Vertrauen in den Staat stärken. Ein verschlanktes, effizientes System würde nicht nur Zeit und Kosten sparen, sondern auch den Servicegedanken in den Vordergrund stellen und den Bürgern das Gefühl geben, dass die Verwaltung für sie da ist – und nicht umgekehrt. Die Vision eines transparenten, digitalen Staatsapparates wäre ein bedeutender Schritt hin zu einem modernen Europa, das den Herausforderungen der Zukunft gewachsen ist.

KAPITEL 9: KRISENFESTIGKEIT UND DAS STREBEN NACH STABILITÄT

Krisen haben die Macht, Schwächen aufzudecken und Systeme auf die Probe zu stellen. Die Finanzkrise von 2008, die COVID-19-Pandemie und die Energiekrise sind nur einige Beispiele, die Europa in den letzten Jahren erschüttert haben und die Verwundbarkeit des bestehenden Systems offenlegten. Diese Krisen haben verdeutlicht, dass schnelle und wirksame Reaktionen notwendig sind, um die Stabilität zu wahren und das Vertrauen der Bürger zu erhalten. In diesem Kapitel untersuchen wir, wie heutige Krisen Schwachstellen in Europa aufzeigen und welche Maßnahmen die EU bereits ergriffen hat, um widerstandsfähiger zu werden. Dabei entwickeln wir eine Vision für ein krisenfestes Europa, das flexibel und robust auf zukünftige Herausforderungen reagieren kann.

Europa hat in den letzten Jahrzehnten immer wieder Krisen durchlebt, die das System an seine Grenzen brachten und zu weitreichenden wirtschaftlichen und gesellschaftlichen Konsequenzen führten. Jede Krise hatte ihre eigenen Merkmale, offenbarte jedoch immer wieder dieselben strukturellen Schwächen: mangelnde Flexibilität, langsame Reaktionsfähigkeit und eine komplexe Bürokratie. Die EU ist oft auf die Zusammenarbeit ihrer Mitgliedsstaaten angewiesen, was in Krisenzeiten zu verzögerten Entscheidungen und uneinheitlichen Maßnahmen führen kann.

Die **Finanzkrise von 2008** hat beispielsweise gezeigt, wie verletzlich das europäische Finanzsystem ist. Durch den Zusammenbruch großer Banken und den Einbruch der Finanzmärkte kam es zu erheblichen Verlusten und einer wirtschaftlichen Rezession, die viele Länder hart traf. Diese Krise hat verdeutlicht, dass ein besseres Risikomanagement und strengere Finanzregulierungen notwendig sind, um ähnliche Krisen in Zukunft zu verhindern. Als Reaktion darauf hat die EU die **Europäische Bankenunion** geschaffen, um das Bankensystem zu stabilisieren und die Überwachung zu verbessern. Doch trotz dieser Maßnahmen bleibt das Finanzsystem anfällig für globale Marktschwankungen und wirtschaftliche Turbulenzen.

Ein weiteres Beispiel ist die **COVID-19-Pandemie**, die die gesamte Weltwirtschaft lahmlegte und enorme gesundheitliche und soziale Herausforderungen mit sich brachte. Die Pandemie offenbarte die Schwächen in Europas Gesundheitssystemen und zeigte, wie wichtig eine koordinierte Krisenbewältigung ist. Zu Beginn der Krise war die EU nur begrenzt in der Lage, schnell und einheitlich zu handeln, was zu Engpässen bei medizinischen Gütern und unkoordinierten Maßnahmen in den Mitgliedsländern führte. Erst mit der Einrichtung des „EU-RescEU"-Programms und gemeinsamen Impfstoffbeschaffungsprogrammen konnte die EU ihre Reaktion vereinheitlichen und koordinieren. Diese Krise hat deutlich gemacht, dass Europa besser vorbereitet sein muss, um in ähnlichen Situationen schnell und flexibel zu reagieren.

1. Die heutigen Herausforderungen: Ein System an seinen Grenzen

Die EU ist eine Union, die sich durch Vielfalt auszeichnet. Doch in Krisenzeiten wird diese Vielfalt oft zur Herausforderung, da die einzelnen Länder unterschiedliche wirtschaftliche, politische und soziale Voraussetzungen mitbringen. In Krisensituationen müssen die Mitgliedsstaaten oft gemeinsam handeln, um eine effektive Lösung zu finden, doch die Koordination ist schwierig. Entscheidungsprozesse sind oft langwierig, und die verschiedenen Interessen der Länder führen nicht selten zu Konflikten und Verzögerungen.

Ein weiteres Problem ist die **Bürokratie**. Europa verfügt über ein komplexes Verwaltungs- und Regulierungssystem, das in normalen Zeiten Stabilität gewährleisten soll. Doch in Krisenzeiten zeigt sich, dass dieses System oft zu schwerfällig ist, um schnell auf neue Entwicklungen zu reagieren. Die COVID-19-Pandemie verdeutlichte beispielsweise, dass die Beschaffung und Verteilung medizinischer Güter und Impfstoffe durch bürokratische Hürden verlangsamt wurde. Ein flexibleres System könnte hier entscheidende Vorteile bringen.

Auch im Bereich der Finanzpolitik zeigen sich Schwächen. Die Eurozone ist eine Währungsunion, jedoch ohne eine einheitliche Fiskalpolitik. Dies bedeutet, dass die Mitgliedsstaaten ihre Ausgaben und Einnahmen weitgehend eigenständig verwalten, was in Krisenzeiten zu einem Problem werden kann. Länder mit hoher Staatsverschuldung haben oft weniger Spielraum für Krisenmaßnahmen und sind daher stärker auf die Hilfe der EU angewiesen. Dies führt zu Spannungen innerhalb der Union und erschwert eine einheitliche Reaktion.

2. Chancen: Ein resilientes Europa durch präventive Maßnahmen

Eine Krise ist nicht nur eine Herausforderung, sondern auch eine Gelegenheit, zu lernen und Verbesserungen vorzunehmen. Die EU hat bereits erkannt, dass ein resilienteres System notwendig ist, um zukünftigen Krisen besser begegnen zu können. Durch präventive Maßnahmen könnte Europa nicht nur besser auf Krisen reagieren, sondern auch das Vertrauen der Bürger stärken und die Stabilität langfristig sichern.

Ein zentraler Ansatzpunkt ist die **Stärkung des Krisenmanagements**. Die EU hat bereits den „Europäischen Katastrophenschutzmechanismus" geschaffen, der in Krisenfällen eine koordinierte Reaktion ermöglicht. Ein weiterer Schritt wäre der Aufbau eines umfassenden Frühwarnsystems, das potenzielle Krisen schneller erkennt und präventive Maßnahmen einleitet. Solche Systeme könnten helfen, frühzeitig zu reagieren und die Auswirkungen von Krisen zu minimieren.

Auch die **Schaffung gemeinsamer Krisenfonds** ist eine vielversprechende Idee. Diese Fonds könnten in Zeiten wirtschaftlicher oder gesundheitlicher Krisen schnell aktiviert werden und den betroffenen Ländern finanzielle Unterstützung bieten. Ein solcher Mechanismus könnte die EU unabhängiger von externen Märkten machen und die Stabilität der Eurozone stärken. Außerdem könnte er verhindern, dass die finanzielle Belastung einzelner Länder die gesamte Union destabilisiert.

Ein flexibleres System könnte auch durch **Investitionen in digitale Technologien** und die Digitalisierung der Verwaltung erreicht werden. Wenn Informationen und Ressourcen digital und vernetzt verfügbar sind, könnten Entscheidungen schneller getroffen und Maßnahmen effizienter umgesetzt werden. Die EU hat bereits den „Digitalen Binnenmarkt" eingeführt, um die Digitalisierung voranzutreiben und die europäischen Länder technologisch besser zu vernetzen. Eine weitergehende Digitalisierung könnte das Krisenmanagement erheblich verbessern und die Reaktionsfähigkeit Europas stärken.

3. Die Vision: Ein flexibles und widerstandsfähiges Europa

Stellen wir uns ein Europa vor, das in Krisenzeiten schnell und flexibel reagieren kann. In dieser idealen Vision wäre Europa durch starke präventive Maßnahmen und ein gut funktionierendes Krisenmanagement in der Lage, auf jede Art von Krise vorbereitet zu sein. Ein Frühwarnsystem könnte mögliche Bedrohungen erkennen und die EU in die Lage versetzen, präventive Maßnahmen zu ergreifen, bevor die Krise ihren vollen Umfang erreicht.

In einem solchen Europa gäbe es **gemeinsame Notfallpläne** für unterschiedliche Krisenszenarien, sei es eine wirtschaftliche Rezession, eine Gesundheitskrise oder eine Umweltkatastrophe. Diese Notfallpläne wären digital zugänglich und könnten von jedem Mitgliedsstaat sofort abgerufen und umgesetzt werden. Jedes Land wüsste genau, welche Maßnahmen zu ergreifen sind und welche Unterstützung von der EU zu erwarten ist. Ein solches

System würde die Unsicherheiten und das Zögern, das in vielen Krisen die Reaktion verlangsamt, erheblich reduzieren.

Auch ein **stärkeres soziales Sicherheitsnetz** wäre Teil dieser Vision. Menschen, die von Krisen besonders betroffen sind, könnten durch EU-weite Programme und Fonds unterstützt werden. Dies würde das Vertrauen der Bürger in die EU stärken und dazu beitragen, dass niemand in der Krise alleine gelassen wird. Das Ziel wäre ein Europa, das nicht nur wirtschaftlich, sondern auch sozial resilient ist und auf die Bedürfnisse seiner Bürger eingeht.

Finanziell könnte dieses Europa auf gemeinsame **Krisenfonds und Anleihen** zurückgreifen, die speziell für Notlagen geschaffen wurden. Diese Fonds könnten gezielt in Projekte zur Krisenbewältigung fließen und sicherstellen, dass die betroffenen Länder ausreichend Mittel für eine schnelle Erholung haben. Mit einer solchen finanziellen Absicherung würde Europa unabhängiger von externen Märkten und weniger anfällig für globale wirtschaftliche Turbulenzen.

Ein weiteres Merkmal dieser Vision wäre eine dynamische **Forschung und Innovationspolitik**. Durch gezielte Investitionen in Forschung und Entwicklung könnte Europa schneller auf neue Herausforderungen reagieren und innovative Lösungen entwickeln, um Krisen langfristig zu bewältigen. Ein flexibles und widerstandsfähiges Europa würde nicht nur auf Krisen reagieren, sondern auch aktiv daran arbeiten, sich kontinuierlich zu verbessern und vorzubereiten.

4. Wege zur Umsetzung: Wie die EU krisenfester werden kann

Um diese Vision umzusetzen, sind umfassende Reformen

und Investitionen notwendig. Ein erster Schritt wäre die Schaffung eines einheitlichen Frühwarnsystems, das potenzielle Krisen frühzeitig erkennt und den Mitgliedsstaaten und der EU-Zentrale Warnungen gibt. Dieses System könnte durch künstliche Intelligenz und Big Data unterstützt werden, um genaue Prognosen und Analysen zu ermöglichen.

Die EU müsste auch in ihre Infrastruktur und ihre Ressourcen für den Katastrophenschutz investieren. Der „Europäische Katastrophenschutzmechanismus" könnte weiter ausgebaut werden, um bei Bedarf noch schneller reagieren zu können. Die EU könnte zudem regelmäßige Krisenübungen durchführen, um die Zusammenarbeit der Mitgliedsstaaten zu testen und Schwachstellen zu identifizieren.

Finanziell könnte die EU einen ständigen Krisenfonds einrichten, der aus Beiträgen der Mitgliedsstaaten gespeist wird und in Krisenfällen schnell aktiviert werden kann. Durch solche Maßnahmen könnte Europa besser auf finanzielle Herausforderungen reagieren und die Stabilität der Union sichern.

Herausforderungen:

1. **Uneinheitliche Interessen der Mitgliedsstaaten**: Die EU ist ein Zusammenschluss souveräner Staaten mit eigenen Interessen und Prioritäten. Die Schaffung gemeinsamer Krisenmechanismen erfordert die Zustimmung aller Mitgliedsstaaten, was politische Spannungen mit sich bringen kann.

2. **Kostenintensive Investitionen**: Ein

umfassendes Krisenmanagementsystem und Frühwarnsysteme erfordern hohe Investitionen. Diese Kosten müssen durch die Mitgliedsstaaten getragen werden, was zu Finanzierungsdebatten führen könnte.

3. **Technologische Umsetzung**: Die Einführung digitaler Frühwarnsysteme und einheitlicher Krisenpläne erfordert modernste Technologie und Datenschutzmaßnahmen, um die Sicherheit und Effizienz zu gewährleisten.

4. **Vertrauensaufbau**: Um ein einheitliches Krisensystem zu schaffen, muss das Vertrauen der Bürger und Mitgliedsstaaten in die EU gestärkt werden. Dies erfordert Transparenz und klare Kommunikationsstrategien.

Ziel:

Dieses Kapitel verdeutlicht, dass Krisenfestigkeit und Anpassungsfähigkeit entscheidend sind, um Europa auf zukünftige Herausforderungen vorzubereiten. Die Leser erkennen, dass ein flexibles und resilienteres Europa nicht nur schneller und wirksamer auf Krisen reagieren könnte, sondern auch das Vertrauen und die Stabilität in der Union stärkt. Ein krisenfestes Europa wäre in der Lage, seinen Bürgern Sicherheit und Perspektive zu bieten und gleichzeitig ein Beispiel für andere Regionen der Welt zu sein, wie eine starke und einheitliche Krisenbewältigung aussehen kann.

KAPITEL 10: IN 50 JAHREN – WIE KÖNNTE DAS GELD DER ZUKUNFT AUSSEHEN?

Was wäre, wenn es in Zukunft kein Bargeld mehr gäbe? Keine Münzen, keine Scheine, keine physischen Währungen. Stattdessen ein globales, vollständig digitalisiertes Geldsystem, das Transaktionen in Echtzeit und über Landesgrenzen hinweg ermöglicht. Es klingt futuristisch – und doch ist ein solches Szenario nicht unrealistisch. Angesichts der rasanten technologischen Entwicklungen im Bereich der digitalen Währungen, Blockchain-Technologie und künstlichen Intelligenz stehen wir möglicherweise an der Schwelle zu einem neuen Geldzeitalter. In diesem Kapitel werfen wir einen spekulativen Blick auf die nächsten 50 Jahre und skizzieren, wie das Geldsystem der Zukunft aussehen könnte, welche Chancen und Risiken es birgt und was es für den Alltag der Menschen bedeuten würde.

In den letzten Jahrzehnten hat sich das Geldsystem bereits stark verändert. Wo früher nur Bargeld existierte, haben sich Kreditkarten, Online-Banking und digitale Zahlungen längst etabliert. Kryptowährungen wie Bitcoin und Ethereum haben gezeigt, dass digitale Währungen jenseits der Kontrolle von Banken und Regierungen existieren können. Die Idee eines rein digitalen Währungssystems, das weltweit funktioniert, scheint somit gar nicht so abwegig. Doch wie könnte das Geldsystem in 50 Jahren tatsächlich aussehen?

Eine mögliche Zukunftsversion wäre ein **globales, digitales Währungssystem**, in dem alle Zahlungen über digitale Plattformen abgewickelt werden. In dieser Welt gäbe es keine physischen Geldscheine oder Münzen mehr – stattdessen existierte das Geld nur noch als Datensätze in einem globalen Finanznetzwerk, das in Echtzeit Transaktionen abwickelt. Zentralbanken und Regierungen könnten durch digitale Zentralbankwährungen (Central Bank Digital Currencies, kurz CBDCs) eine digitale Währung bereitstellen, die das Vertrauen der Bürger genießt und unter strengen Sicherheitsprotokollen betrieben wird. So könnten nationale Währungen weiterhin existieren, aber auf einer rein digitalen Basis.

In einer Welt mit globalem, digitalem Geld könnten Transaktionen in Sekundenschnelle über Landesgrenzen hinweg erfolgen. Währungen könnten in einem solchen System automatisch konvertiert werden, oder es könnte sogar eine einzige, globale digitale Währung geben, die von allen Ländern akzeptiert wird. Die Blockchain-Technologie – die bereits bei Kryptowährungen Anwendung findet – könnte als Rückgrat dieses Systems dienen und für eine manipulationssichere und transparente Abwicklung sorgen. Jede Transaktion wäre dezentral in einem digitalen Register gespeichert, das vor Manipulationen und Fälschungen schützt. Eine solche Struktur könnte das Vertrauen in das Finanzsystem stärken und den Handel vereinfachen.

1. Chancen: Ein globales, digitalisiertes Währungssystem

Ein vollständig digitalisiertes Geldsystem hätte das Potenzial, den weltweiten Handel zu revolutionieren. Durch den Wegfall physischer Währungen und die Möglichkeit, digitale Transaktionen in Echtzeit abzuwickeln, könnte der Austausch von Waren und Dienstleistungen weltweit schneller und einfacher werden. Unternehmen und Privatpersonen könnten ohne Wechselkursschwankungen und Währungsumrechnungen Geld überweisen, was insbesondere für internationale Geschäfte enorme Vorteile bringen würde. Außerdem könnten Zahlungen ohne Verzögerungen erfolgen, was den gesamten Zahlungsverkehr beschleunigen und die Effizienz steigern könnte.

Ein weiteres Potenzial eines digitalen Währungssystems liegt in der finanziellen Inklusion. Viele Menschen, insbesondere in Entwicklungsländern, haben keinen Zugang zu traditionellen Banken. Durch ein digitales Geldsystem, das über Smartphones und Internetzugang funktioniert, könnten auch Menschen ohne Bankkonto am Finanzsystem teilhaben. Dies könnte weltweit zu mehr finanzieller Gerechtigkeit führen und den Zugang zu Krediten, Versicherungen und anderen Finanzdienstleistungen erleichtern.

Digitale Währungen bieten auch die Möglichkeit zur **Beseitigung von Korruption und Steuerhinterziehung.** In einem digitalen Geldsystem könnten alle Transaktionen nachverfolgt werden, was illegale Finanzströme erschwert. Dies könnte das Vertrauen in das System stärken und sicherstellen, dass Steuern korrekt gezahlt werden. Regierungen könnten durch automatische Steuerabzüge und gezielte Finanzüberwachung die staatlichen Einnahmen stabilisieren und besser für soziale Zwecke verwenden.

2. Herausforderungen: Datenschutz und Cyberkriminalität

Ein digitales Geldsystem bringt jedoch auch erhebliche Herausforderungen mit sich. Eines der größten Risiken ist der **Datenschutz**. In einer Welt, in der jede Transaktion digital aufgezeichnet wird, ist es schwer, die Privatsphäre zu wahren. Viele Menschen hätten Bedenken, dass ihre finanzielle Aktivität überwacht werden könnte. Ein solches System könnte theoretisch Missbrauch und Manipulation durch Regierungen oder private Unternehmen ermöglichen, die Zugang zu den Finanzdaten der Bürger haben. Die Herausforderung wird darin bestehen, eine Balance zwischen Transparenz und Datenschutz zu finden, sodass die Menschen sicher sein können, dass ihre Daten geschützt sind.

Die Gefahr von **Cyberkriminalität** ist ein weiteres großes Risiko. Ein vollständig digitalisiertes Finanzsystem wäre ein attraktives Ziel für Hacker und Cyberkriminelle. Wenn das gesamte Geld als digitale Daten existiert, könnten Hacker theoretisch auf Milliardenbeträge zugreifen, wenn sie Schwachstellen im System finden. Die Entwicklung robuster Sicherheitsprotokolle und Verschlüsselungstechnologien wäre daher von entscheidender Bedeutung, um das digitale Geldsystem vor Cyberangriffen zu schützen.

Zudem stellt sich die Frage, ob ein globales, digitales Währungssystem von allen Ländern akzeptiert würde. Die Kontrolle über die nationale Währung ist ein wichtiges Instrument der wirtschaftlichen und politischen Souveränität. Länder könnten zögern, ihre Währungshoheit aufzugeben und einem globalen System beizutreten. Außerdem würde ein digitales System soziale Ungleichheiten in den Vordergrund rücken, da nicht alle Menschen Zugang zu digitalen Geräten und dem Internet haben. Diese Diskrepanz müsste berücksichtigt werden, um sicherzustellen, dass niemand ausgeschlossen wird.

3. Die Vision: Ein globales, digitalisiertes und transparentes Geldsystem

In dieser idealen Vision eines globalen, digitalen Geldsystems wäre das Geld vollständig digital und dezentral organisiert. Stellen wir uns vor, dass alle Bürger der Welt über ein digitales Wallet verfügen, das auf einem universellen System basiert. Durch dieses Wallet könnte jeder Mensch unabhängig von seiner Nationalität oder seinem sozialen Status Zahlungen tätigen und empfangen, sparen und investieren. Eine künstliche Intelligenz könnte dabei die Verwaltung und Sicherheit des Systems überwachen und sicherstellen, dass Transaktionen zuverlässig und sicher ablaufen.

In dieser Zukunftsvision hätte jeder Bürger seine finanzielle Identität in einem universellen System, das von einer unabhängigen Institution verwaltet wird und durch moderne Verschlüsselungstechnologien geschützt ist. Transparenz wäre ein zentrales Element dieses Systems: Alle Transaktionen könnten dezentral in einer Blockchain gespeichert werden, die fälschungssicher ist und Manipulationen verhindert. Bürger könnten ihre eigene Finanzhistorie einsehen und sich darauf verlassen, dass ihre Daten geschützt sind.

Das digitale Geldsystem könnte auch als **Werkzeug zur Krisenbewältigung** dienen. In wirtschaftlich schwierigen Zeiten könnte die digitale Währung so gestaltet sein, dass die Zentralbanken schnell und gezielt finanzielle Unterstützung leisten können. Beispielsweise könnten in einer Rezession Gelder direkt in die Wallets der Bürger überwiesen werden, um den Konsum anzukurbeln und die Wirtschaft zu stabilisieren. Eine solche Flexibilität wäre in einem rein digitalen System denkbar, da die Geldverteilung durch Algorithmen und künstliche Intelligenz gesteuert werden könnte.

Ein weiteres interessantes Szenario wäre die Möglichkeit von **Smart Contracts**. Diese intelligenten Verträge könnten so programmiert werden, dass Zahlungen automatisch ausgelöst werden, sobald bestimmte Bedingungen erfüllt sind. In einem digitalen Geldsystem könnten damit beispielsweise Mietzahlungen automatisch am Monatsanfang erfolgen oder Gehälter automatisch nach Arbeitsstunden berechnet und ausgezahlt werden. Ein solches System könnte den Alltag erheblich vereinfachen und Bürokratie abbauen, da viele Prozesse automatisiert und verlässlich ablaufen könnten.

4. Schritte zur Umsetzung: Wie könnte die Zukunft gestaltet werden?

Die Einführung eines globalen, digitalen Geldsystems erfordert zahlreiche Schritte und eine enge internationale Zusammenarbeit. Ein wichtiger erster Schritt wäre die Entwicklung gemeinsamer Standards für digitale Währungen und deren Verwaltung. Zentralbanken und internationale Organisationen müssten zusammenarbeiten, um eine Plattform zu schaffen, die den Austausch und die Sicherheit digitaler Transaktionen weltweit gewährleistet.

Der Aufbau eines digitalen Währungssystems müsste durch die Entwicklung robuster Sicherheitsprotokolle und Verschlüsselungstechnologien begleitet werden, um die Sicherheit der Gelder zu garantieren. Hier könnte die Blockchain-Technologie als Grundlage dienen, da sie durch ihre dezentrale Struktur Manipulationen nahezu unmöglich macht.

Auch der Zugang zu digitalem Geld müsste geregelt werden. Da nicht alle Menschen weltweit Zugang zu digitalen Geräten und dem Internet haben, müsste ein solches System inklusiv gestaltet werden. Regierungen könnten subventionierte Programme für digitale Geräte und den Internetzugang schaffen, um sicherzustellen, dass alle Bürger am digitalen Finanzsystem teilhaben können.

Zusätzlich wäre es wichtig, die Akzeptanz in der Bevölkerung zu fördern. Digitale Schulungen und Informationskampagnen könnten den Menschen die Vorteile des Systems näherbringen und ihre Bedenken hinsichtlich des Datenschutzes und der Sicherheit ausräumen. Ein stufenweiser Übergang, bei dem digitales Geld parallel zum traditionellen Bargeld genutzt werden kann, würde den Bürgern Zeit geben, sich an das neue System zu gewöhnen.

Herausforderungen:

1. **Datenschutz und Überwachung**: Ein digitales Geldsystem muss den Schutz der Privatsphäre gewährleisten. Hier besteht die Gefahr,

dass Regierungen oder Unternehmen die Finanztransaktionen der Bürger überwachen und nutzen.

2. **Cyberkriminalität**: Ein digitales Finanzsystem ist anfällig für Hackerangriffe. Eine umfassende Sicherheitstechnologie wäre notwendig, um das System vor Manipulationen zu schützen.

3. **Infrastruktur und Zugänglichkeit**: Ein globales digitales System erfordert, dass alle Bürger Zugang zu digitalen Geräten und Internet haben. In ländlichen und unterentwickelten Regionen wäre dies eine Herausforderung.

4. **Internationale Zusammenarbeit**: Ein globales Währungssystem erfordert die Zusammenarbeit aller Länder und die Bereitschaft, ihre Währungssouveränität teilweise aufzugeben.

Ziel:

Dieses Kapitel regt die Leser an, über die Zukunft des Geldes und die Chancen eines globalen digitalen Finanzsystems nachzudenken. Ein vollständig digitalisiertes und transparentes System könnte die Art und Weise, wie wir wirtschaften und bezahlen, revolutionieren und einen Schritt in Richtung einer gerechteren und effizienteren globalen Finanzwelt darstellen. Die Leser sehen, dass eine solche Vision viele Vorteile bieten könnte, aber auch Herausforderungen mit sich bringt, die es zu bewältigen gilt. Ein zukunftsweisendes, digitales Geldsystem hätte das Potenzial, eine krisenfeste, schnelle und sichere Alternative zu den traditionellen Währungen zu bieten und den Weg für eine neue Ära des Geldes zu ebnen.

KAPITEL 11:
GESCHICHTEN AUS
DER NEUEN WELT
– DAS LEBEN IM
IDEALEN EUROPA

Einleitung:

Was wäre, wenn Europa zu einem Ort geworden ist, an dem jeder Mensch unabhängig von Herkunft, sozialem Status oder finanzieller Lage die gleichen Chancen hat? Ein Europa, in dem Technologie den Alltag erleichtert, die Verwaltung transparent ist und die Wirtschaft fair und stabil läuft. In diesem Kapitel lassen wir diese Vision Wirklichkeit werden – durch fiktive Geschichten von Menschen, die in einem idealen Europa leben. Hier wird die Theorie lebendig: Wir begleiten Menschen verschiedener Hintergründe und erleben, wie dieses optimierte System ihr Leben beeinflusst. Die Szenarien geben den Lesern einen emotionalen und greifbaren Einblick in die Vorteile und die Schönheit dieses idealen Europas.

Geschichte 1: Emma – Die Unternehmerin in einer schlanken Bürokratie

Emma ist eine junge Unternehmerin, die schon immer von der Selbstständigkeit geträumt hat. Im idealen Europa, das Bürokratie verschlankt und digitalisiert hat, wird ihr dieser Traum erleichtert. Sie hat eine Geschäftsidee für nachhaltige Mode entwickelt und möchte ihr eigenes Label gründen. Statt sich durch Berge von Formularen zu kämpfen, meldet Emma ihr Unternehmen in wenigen Klicks online an. Die Anmeldeseite ist klar strukturiert, zeigt in Echtzeit an, welche Dokumente noch fehlen, und beantwortet ihre Fragen über eine integrierte Chatfunktion.

Nachdem sie ihre Geschäftslizenz digital erhalten hat, nutzt sie eine EU-weite Plattform, um unkompliziert Investoren und Partner zu finden, die ihre Idee unterstützen. Jeder Schritt ist transparent und schnell – keine wochenlangen Wartezeiten, keine Unsicherheit. Ihr Geschäft wächst, und sie kann sich auf ihre kreative Arbeit konzentrieren, anstatt kostbare Zeit in Verwaltungsangelegenheiten zu investieren. Im idealen Europa wird Emma für ihre Innovationen anerkannt und unterstützt, ohne durch Bürokratie gebremst zu werden.

Geschichte 2: Rafael – Der Migrant, der Teil des Ganzen wird

Rafael stammt ursprünglich aus Brasilien und kam nach Europa auf der Suche nach neuen beruflichen Chancen. Im idealen Europa findet Rafael mehr als nur Arbeit – er findet eine Heimat, in der seine Kultur und sein Wissen geschätzt werden. Rafael, der als Ingenieur ausgebildet ist, konnte seine Qualifikationen durch ein transparentes

Anerkennungssystem schnell bestätigen lassen und wurde direkt in ein Projekt zur nachhaltigen Stadtentwicklung in Spanien aufgenommen.

Die EU hat ein umfassendes Integrationsprogramm geschaffen, das ihm hilft, sich schnell in der neuen Umgebung zurechtzufinden. Sprachkurse, kulturelle Orientierung und ein Mentor aus seinem Berufsfeld stehen ihm kostenlos zur Verfügung. Er fühlt sich unterstützt und respektiert. Seine Kollegen stammen aus ganz Europa und darüber hinaus, und Rafael erfährt jeden Tag, wie Vielfalt und Chancengleichheit das Arbeitsklima positiv beeinflussen. Rafael hat nicht nur eine Anstellung gefunden, sondern auch das Gefühl, zu einer Gemeinschaft zu gehören, die ihn willkommen heißt und seine Talente fördert.

Geschichte 3: Clara und Luca – Eine Familie im krisenfesten Europa

Clara und Luca sind ein junges Paar aus Italien. Sie haben kürzlich ihr erstes Kind bekommen und erleben, wie das idealisierte Europa ihnen Sicherheit und Stabilität bietet, selbst in unsicheren Zeiten. Während einer wirtschaftlichen Krise sorgt das europäische Finanzsystem dafür, dass ihre finanzielle Situation stabil bleibt. Dank eines EU-weiten Programms erhalten sie in Krisenzeiten direkt finanzielle Unterstützung, die automatisch auf ihr digitales Konto überwiesen wird.

Die beiden müssen sich keine Sorgen um ihre Zukunft machen, denn das krisenfeste Europa bietet ein starkes soziales Sicherheitsnetz. Luca, der in der Bauwirtschaft arbeitet, kann weiterhin beruflich aktiv bleiben, während Clara die Möglichkeit hat, flexibler von zu Hause aus zu arbeiten. Beide schätzen, dass das System nicht nur reaktiv ist, sondern auch proaktiv – die EU hat präventive Programme, die sie in schweren Zeiten unterstützt. Sie können sich auf die Zukunft ihrer Familie konzentrieren und das Leben genießen, ohne von finanziellen Sorgen belastet zu sein.

Geschichte 4: Leila – Die Studentin im digitalen Bildungssystem

Leila, eine Studentin aus Frankreich, hat Zugang zu einem Bildungssystem, das die digitale Welt voll ausnutzt. Im idealen Europa sind die Universitäten miteinander vernetzt, und Leila kann sich für Kurse an Universitäten in anderen europäischen Ländern anmelden, ohne physisch umziehen zu müssen. Sie träumt davon, einen Abschluss in Biotechnologie zu machen, und erhält Zugang zu Professoren und Forschungsmaterialien aus ganz Europa.

Leila schätzt besonders die Flexibilität, die ihr das digitale Bildungssystem bietet. Sie kann ihren Stundenplan individuell gestalten und bekommt sogar individuelle Beratung und Mentoring online. Wenn sie für ihre Abschlussarbeit eine spezielle Laboranlage benötigt, kann sie unkompliziert und kostengünstig eine Reise dorthin organisieren, da das Bildungssystem die Mobilität der Studenten fördert. Europa hat es sich zum Ziel gesetzt, durch digitale Vernetzung und interkulturellen Austausch die besten Bedingungen für Studierende zu schaffen, und Leila profitiert direkt davon.

Geschichte 5: Amina – Die Bürgerin in einer nachhaltigen Stadt

Amina lebt in Amsterdam, einer der nachhaltigen Städte

Europas. Dank EU-weiter Förderungen für grüne Projekte und Innovationen lebt sie in einer Stadt, die sich auf Nachhaltigkeit und Umweltschutz konzentriert. Der öffentliche Nahverkehr ist vollständig emissionsfrei, die Stadt hat vertikale Gärten, die die Luftqualität verbessern, und Solarenergie ist überall zugänglich.

Amina schätzt es, dass der Staat umweltfreundliche Praktiken fördert und die Bürger aktiv dazu einlädt, ihren ökologischen Fußabdruck zu minimieren. Dank des digitalen Netzwerks, das alle Bewohner der Stadt verbindet, kann sie über eine App sofort Informationen darüber erhalten, wie viel Energie sie verbraucht und welche Maßnahmen sie ergreifen kann, um ihren Verbrauch zu senken. Die Stadtverwaltung setzt auf Transparenz: Amina kann alle öffentlichen Ausgaben für Umweltprojekte einsehen und daran teilnehmen. Sie fühlt sich als Bürgerin respektiert und weiß, dass sie aktiv zum Schutz ihrer Umwelt beitragen kann.

Geschichte 6: Yusuf – Der Rentner in einer inklusiven Gesellschaft

Yusuf ist ein Rentner in Schweden, der von den vielen Vorteilen des inklusiven Europas profitiert. Als ehemaliger Lehrer engagiert er sich in einem interkulturellen Projekt, das ältere Bürger mit jungen Menschen zusammenbringt. Die Initiative wird von der EU gefördert und hat das Ziel, den Generationenaustausch zu fördern und Einsamkeit im Alter zu verhindern.

Yusuf ist stolz darauf, in einer Gesellschaft zu leben, die jeden Einzelnen wertschätzt und integriert. Er nimmt regelmäßig an Workshops und Aktivitäten teil, in denen Senioren und Jugendliche gemeinsam Neues lernen und voneinander profitieren. Für Yusuf bedeutet das Leben in einem inklusiven Europa nicht nur finanzielle Sicherheit, sondern auch die Möglichkeit, aktiv am gesellschaftlichen Leben teilzuhaben und weiterhin einen positiven Beitrag zu leisten. Die EU unterstützt solche Projekte und schafft so ein Netzwerk, das Menschen verbindet und sozialen Zusammenhalt fördert.

Ziel:

Diese Geschichten aus dem idealen Europa machen die Theorie lebendig und geben den Lesern ein Bild davon, wie sich ihr Leben in einem zukunftsorientierten und fortschrittlichen Europa anfühlen könnte. Indem wir den Alltag von Menschen in verschiedenen Lebenssituationen beleuchten, zeigen wir, dass das Streben nach einem besseren Europa keine abstrakte Idee ist, sondern echte, greifbare Vorteile für die Bürger bringen könnte. Dieses Kapitel lädt die Leser ein, sich eine neue Realität vorzustellen und in eine Zukunft einzutauchen, die von Inklusion, Stabilität, Transparenz und Gerechtigkeit geprägt ist.

KAPITEL 12: EINE REFLEXION ÜBER HEUTE – LEKTIONEN AUS DER IDEALEN ZUKUNFT

Nachdem wir einen Einblick in das Leben im idealen Europa erhalten haben, ist es an der Zeit, die Brücke zurück zur Gegenwart zu schlagen. Wie weit sind wir heute von dieser Vision entfernt, und was können wir aus den Geschichten und Szenarien der Zukunft lernen? Dieses Kapitel ist eine Einladung zur Reflexion: Es stellt die heutige Realität in den Kontext des Erreichten im idealisierten Europa und zeigt, dass eine gerechtere, effizientere und inklusivere Gesellschaft keine bloße Utopie ist. Die Vision eines idealen Europas dient nicht nur als Inspiration, sondern auch als Wegweiser, der zeigt, welche Veränderungen wir heute anstoßen müssen, um eine bessere Zukunft zu gestalten.

Der Blick auf das Europa der Zukunft legt die Schwächen der heutigen Systeme schonungslos offen:

Bürokratie, soziale Ungleichheit, fehlende Krisenfestigkeit und mangelnde Transparenz gehören zu den großen Herausforderungen unserer Zeit. Doch die Vision eines idealisierten Europas zeigt auch, dass diese Probleme lösbar sind und dass das Potenzial für eine Veränderung bereits in unserer Reichweite liegt.

Die Geschichten aus der Zukunft verdeutlichen, dass **Veränderungen in kleinen Schritten** beginnen, dass mutige Reformen erforderlich sind und dass eine langfristige Perspektive zu nachhaltigem Wandel führt. Statt sich mit der Realität abzufinden, lädt dieses Kapitel dazu ein, aktiv über Verbesserungen nachzudenken und Visionen für die Zukunft zu entwickeln. Lassen wir uns von der idealisierten Zukunft inspirieren, die Lektionen zu erkennen, die uns heute helfen können, das Fundament für ein besseres Europa zu legen.

1. Bürokratie und Effizienz – Der Weg zu einer schlanken Verwaltung

Die heutige Realität ist oft von Bürokratie und Ineffizienz geprägt. Viele europäische Länder kämpfen mit umständlichen Verwaltungsprozessen, die Zeit, Geld und Geduld kosten. Die Vision einer digitalisierten, transparenten Verwaltung zeigt, wie ein schlankeres System nicht nur den Alltag der Bürger erleichtern, sondern auch das Vertrauen in staatliche Institutionen stärken könnte. Digitale Plattformen, wie sie in der Zukunft beschrieben wurden, könnten bereits heute umgesetzt werden, um Anträge, Genehmigungen und Informationsaustausch zu vereinfachen.

Lektion: Der Übergang zu einer schlankeren Bürokratie erfordert Mut zur Vereinfachung und Digitalisierung. Indem wir heute in digitale Infrastrukturen und

Transparenz investieren, schaffen wir die Grundlagen für eine effiziente Verwaltung, die den Menschen dient.

2. Ein inklusives Europa – Vielfalt und Chancengleichheit fördern

In der idealen Zukunft sind Minderheiten integriert und erleben gleiche Chancen in Beruf, Bildung und Gesellschaft. Heute stoßen Minderheiten immer noch auf Hürden, sei es durch Diskriminierung, mangelnde Repräsentation oder strukturelle Benachteiligung. Die Geschichten der Zukunft erinnern uns daran, dass Inklusion aktiv gefördert werden muss, und dass Programme und Gesetze notwendig sind, um eine gerechtere Gesellschaft zu schaffen. Die Vision eines Europas, das wirklich für alle da ist, zeigt, dass ein harmonisches und erfolgreiches Miteinander möglich ist – wenn man es bewusst gestaltet.

Lektion: Um ein inklusives Europa zu schaffen, müssen wir heute Strukturen und Programme entwickeln, die Chancengleichheit fördern. Vielfalt sollte als Stärke erkannt werden, und durch gezielte Förderung und Anti-Diskriminierungsgesetze kann Europa ein Vorbild für soziale Gerechtigkeit sein.

3. Krisenfestigkeit und Resilienz – Ein flexibles Europa gestalten

Die COVID-19-Pandemie und andere Krisen haben uns vor Augen geführt, wie fragil unsere heutigen Systeme sind. Im idealen Europa der Zukunft ist Krisenresilienz ein zentrales Element – präventive Maßnahmen und flexible Reaktionsstrategien sorgen dafür, dass die Gesellschaft stabil bleibt und die Bürger gut geschützt sind. Die Vision der Zukunft zeigt uns, dass Krisenfestigkeit erlernbar ist und dass die Investition in Frühwarnsysteme und Krisenfonds sich langfristig auszahlt.

Lektion: Indem wir heute in Resilienz investieren, können wir zukünftigen Krisen gelassener begegnen. Die Schaffung gemeinsamer europäischer Krisenmechanismen und eine verstärkte Investition in präventive Maßnahmen sind entscheidende Schritte, um ein flexibles und widerstandsfähiges Europa aufzubauen.

4. Finanzielle Stabilität und Transparenz – Vertrauen in das System stärken

Ein großes Problem unserer heutigen Zeit ist das Misstrauen vieler Bürger gegenüber dem Finanzsystem. Die Geschichten aus dem idealen Europa zeigen, wie ein digitales, transparentes Geldsystem, das Sicherheit und Fairness garantiert, das Vertrauen der Menschen zurückgewinnen kann. Heute könnten wir durch eine stärkere Regulierung, den Schutz persönlicher Finanzdaten und die Einführung digitaler Währungen, wie sie in der Zukunft angedacht sind, den Grundstein für ein sicheres Finanzsystem legen.

Lektion: Finanzielle Stabilität und Transparenz sind zentral, um das Vertrauen der Bürger in das System zu stärken. Durch klare Regularien und den Schutz persönlicher Daten können wir bereits heute die ersten Schritte in Richtung eines gerechteren Finanzsystems gehen.

5. Bildung und Mobilität – Ein vernetztes und digitales Europa

Die Vision der Zukunft zeigt uns ein Bildungssystem, das über nationale Grenzen hinweg funktioniert und digitale Technologien voll ausnutzt. Heute sind die Bildungssysteme in Europa oft noch fragmentiert, und der Zugang zu hochwertiger Bildung ist nicht für alle gleich. Die Geschichten der Zukunft machen deutlich, dass eine digitale und vernetzte Bildung die Chancengleichheit fördern und Europa näher zusammenbringen könnte.

Lektion: Die Digitalisierung und Vernetzung der Bildung ist eine Investition in die Zukunft. Indem wir heute den Zugang zu Bildung erleichtern und den Austausch zwischen den Ländern fördern, bereiten wir Europa auf eine Zukunft vor, in der Wissen frei zugänglich ist und für jeden zur Verfügung steht.

6. Umwelt und Nachhaltigkeit – Eine Zukunft für kommende Generationen sichern

Der Klimawandel ist eine der größten Herausforderungen unserer Zeit, und die Vision eines nachhaltigen Europas zeigt, wie Städte und Lebensräume grün und lebenswert gestaltet werden können. Heute sehen wir bereits die ersten Schritte in Richtung einer umweltfreundlichen Politik, doch die idealisierte Zukunft erinnert uns daran, dass noch viel mehr möglich ist. Durch Investitionen in erneuerbare Energien, nachhaltige Stadtentwicklung und umweltfreundliche Technologien könnten wir ein Europa schaffen, das kommenden Generationen eine lebenswerte Welt hinterlässt.

Lektion: Nachhaltigkeit ist der Schlüssel zu einer lebenswerten Zukunft. Durch gezielte Maßnahmen, politische Verpflichtungen und gesellschaftliches Engagement können wir heute die Grundlagen für ein umweltfreundliches Europa legen, das als Vorbild für den Rest der Welt dient.

Die Reise vom Heute zur idealen Zukunft: Wie können wir aktiv werden?

Die Vision eines idealen Europas ist nicht nur ein

Traum, sondern ein erreichbares Ziel, wenn wir heute die richtigen Schritte gehen. Die Leser sollen erkennen, dass sie selbst Teil dieses Wandels sein können, dass politische Entscheidungen und persönliches Engagement zusammenwirken müssen, um diese Zukunft zu gestalten. Jeder kleine Schritt – sei es der Einsatz für mehr Nachhaltigkeit im Alltag, das Engagement für soziale Gerechtigkeit oder das aktive Einbringen in politische Prozesse – trägt dazu bei, das Fundament für das ideale Europa zu legen. Die Geschichten aus der idealisierten Zukunft sollen die Leser inspirieren, ihre Stimme zu erheben und Verantwortung zu übernehmen. Sie zeigen, dass Veränderung möglich ist und dass jeder Einzelne die Kraft hat, einen Beitrag zu leisten.

Schlussgedanke:

Ein idealisiertes Europa ist kein ferner Traum, sondern eine mögliche Realität. Die Herausforderungen sind groß, doch die Visionen zeigen, dass ein besseres Europa erreichbar ist, wenn wir uns als Gemeinschaft verstehen und die Zukunft aktiv gestalten. Die Reflexion über das heutige Europa und die Lektionen, die wir aus der idealen Zukunft ziehen, geben den Lesern eine klare Botschaft: Die Zeit zu handeln ist jetzt.

Dieses Kapitel endet mit einem Appell, sich nicht nur eine bessere Zukunft vorzustellen, sondern sie aktiv mitzugestalten. Die Leser werden eingeladen, Visionen für die Verbesserung des Systems zu entwickeln und die ersten Schritte hin zu einem idealen Europa zu wagen. Es liegt an uns allen, Europa zu einem Ort zu machen, der nicht nur den Bedürfnissen der heutigen Generation entspricht, sondern auch die Wünsche und Hoffnungen der kommenden Generationen erfüllt.

EPILOG

Wir sind am Ende unserer Reise durch das idealisierte Europa angekommen – eine Vision, die uns nicht nur zeigt, was möglich sein könnte, sondern uns auch einen Spiegel vorhält, der unsere heutigen Herausforderungen widerspiegelt. Die Zukunft, die wir uns vorstellen, lebt davon, dass wir sie aktiv gestalten. Sie braucht den Mut, Bestehendes zu hinterfragen, und die Entschlossenheit, auf dem Weg in eine gerechtere, inklusivere und nachhaltigere Welt kleine wie große Schritte zu gehen.

Die Geschichten und Szenarien in diesem Buch sind keine fernen Fantasien; sie sind Wegweiser und Ideen, die uns dazu ermutigen, über den Status quo hinauszudenken. Jede Vision beginnt mit einem Gedanken, einer Entscheidung – und mit dem Engagement, diese Realität wahr werden zu lassen. Die Reise in ein idealisiertes Europa hat uns gezeigt, dass eine bessere Zukunft nicht ohne Anstrengung, aber auch nicht ohne Hoffnung möglich ist. Sie erinnert uns daran, dass Wandel machbar ist, wenn wir bereit sind, Verantwortung zu übernehmen und uns gegenseitig zu inspirieren.

Was wäre, wenn jeder von uns – in kleinen und großen Taten – heute damit beginnt, das Fundament für das Europa von morgen zu legen? Was wäre, wenn wir diese Vision in unseren Alltag bringen, in unsere Gespräche und in unsere Entscheidungen? Lassen Sie uns den Traum eines idealen Europas weitertragen, indem wir jeden Tag aufs Neue dafür einstehen.

Das Buch endet hier, aber die Geschichte geht weiter – mit Ihnen.

NACHWORT

Dieses Buch begann als Gedanke, als Frage danach, wie ein Europa aussehen könnte, das auf seine Stärken baut, das Herausforderungen mutig angeht und das Potenzial seiner Vielfalt und Möglichkeiten voll ausschöpft. Jetzt, am Ende, bleibt die Erkenntnis, dass diese Vision kein ferner Traum ist, sondern ein Bild dessen, was durch kollektives Handeln erreichbar wäre.

Während wir durch die Kapitel gereist sind, haben wir nicht nur die Chancen eines idealisierten Europas beleuchtet, sondern auch die Dringlichkeit gespürt, in einer zunehmend komplexen Welt innovative und gerechte Lösungen zu finden. Der Weg dorthin ist keineswegs frei von Hindernissen. Doch die Zukunft, die uns hier vor Augen geführt wurde, zeigt, dass Fortschritt in greifbarer Nähe ist, wenn wir bereit sind, den ersten Schritt zu wagen.

Mögen die Visionen und Geschichten dieses Buches als Inspiration dienen – nicht nur für Entscheidungsträger, sondern für jeden, der an ein Europa glaubt, das für seine Bürger und mit ihnen lebt. Veränderung beginnt oft im Kleinen, bei jedem Einzelnen von uns. Lassen Sie uns gemeinsam Verantwortung übernehmen, offen für neue Perspektiven bleiben und stets daran arbeiten, die besten Ideen unserer Zeit Realität werden zu lassen.

Das ideale Europa ist kein Ort, sondern eine Haltung, ein fortwährender Prozess. Dieses Buch schließt hier, aber die Arbeit und die Reise gehen weiter – in unseren Gedanken, Taten und im gemeinsamen Bestreben, eine gerechtere und nachhaltigere Welt zu schaffen.

ANERKENNUNG

Ein Buch wie dieses entsteht nicht im Alleingang. Mein aufrichtiger Dank gilt all jenen, die mich auf diesem Weg inspiriert, herausgefordert und unterstützt haben. An erster Stelle danke ich meiner Familie und meinen Freunden, die stets an mich und meine Vision geglaubt haben und deren Unterstützung mir unersetzlich war.

Ein besonderer Dank geht an die Experten, Denker und Visionäre, deren Arbeiten und Ideen die Grundlage für viele der Konzepte in diesem Buch bildeten. Ihre Einsichten haben nicht nur die Seiten dieses Buches, sondern auch meine eigene Perspektive erweitert und vertieft.

Nicht zuletzt danke ich Ihnen, den Leserinnen und Lesern. Ihr Interesse an einer gerechteren und nachhaltigeren Zukunft macht dieses Projekt bedeutungsvoll. Möge dieses Buch Sie ermutigen und inspirieren, Ihre eigenen Visionen zu verfolgen und aktiv an einer besseren Welt mitzuwirken.

ABOUT THE AUTHOR

Ceyhan Akar

Vom Schulverweigerer zum Immobilienmillionär – Meine Reise

Als Kind türkischer Einwanderer in Mannheim war mein Weg nicht unbedingt vorgezeichnet. Meine Mutter kümmerte sich um den Haushalt, während mein Vater als Maschinen- und Anlagenführer die Familie versorgte. In der Schule gehörte ich nie zu den Besten – zu oft fühlte ich mich eingeengt und fehl am Platz. Das System, in dem ich gefangen war, schien mir nichts bieten zu können. Der Gedanke, dass ich mein Leben damit verbringen sollte, mir von einem Vorgesetzten sagen zu lassen, wann ich Pausen machen oder auf die Toilette gehen durfte, machte mich regelrecht rebellisch.

Mit 13 begann ich über Geld nachzudenken und mir wurde klar: Geld bedeutet Freiheit. Mit 15 ergab sich dann mein erstes Geschäft. Ein Freund, der damals etwas älter war, hatte sein ganzes Geld verspielt und wollte dringend sein iPhone loswerden. Er fand keinen Käufer und stand kurz davor, es einem pakistanischen Handyshop für einen Spottpreis zu verkaufen. Ich griff ein und bot ihm einen fairen Preis, der dennoch zu meinem Vorteil war. Er akzeptierte und verspielte erneut alles – und ich hatte mein erstes profitables Geschäft gemacht. Während mein Freund sich im Zimmer seiner Eltern drei Tage lang verschanzte, um über sein verlorenes Geld nachzudenken, begann ich, den Wert finanzieller Unabhängigkeit zu verstehen.

Mit der Unterstützung meiner Eltern und 8.000 Euro, die ich angespart hatte, startete ich ins Autogeschäft. Ich kaufte und verkaufte Gebrauchtwagen, und mein Bruder, jüngerer Onkel, und ein enger Freund, unterstützte mich tatkräftig. Gemeinsam fuhren wir zu den Autos, und ich begann, gut zu verdienen – zumindest war es für mein Alter beachtlich.

Mit 20 Jahren hatte ich etwa 30.000 Euro auf der Seite und eine neue Idee: Immobilien. Nach sechs Monaten intensiver Suche fand ich schließlich eine heruntergekommene Wohnung in Mannheim-Käfertal. Ich kaufte sie für 60.000 Euro und nutzte das Geld meiner Eltern, um die Renovierung zu stemmen. Mit 21 Jahren war ich der stolze Besitzer meiner ersten vermieteten Wohnung und konnte monatlich 500 Euro Kaltmiete einnehmen. Ich wusste, ohne die Hilfe meiner Eltern wäre ich nie so weit gekommen, und war ihnen zutiefst dankbar.

Meine Begeisterung für Immobilien wuchs, und ich kaufte bis zu meinem 25. Lebensjahr insgesamt fünf Wohnungen. Eines Tages traf ich meinen heutigen Geschäftspartner. Wir verstanden uns auf Anhieb und beschlossen, gemeinsam ins Immobiliengeschäft einzusteigen – unser Fokus lag auf „Fix and Flip".

Heute halte ich mehrere Beteiligungen und baue mein

Wissen im Finanz- und Investmentbereich kontinuierlich aus. Millionär zu sein? Das ist kein überwältigendes Gefühl, zumindest nicht, wenn das Vermögen in langfristigen Werten steckt. Was mich wirklich erfüllt, ist die Freiheit, die mir dieser Weg eröffnet hat – die Freiheit, meinen eigenen Weg zu gehen und das Beste daraus zu machen.

BOOKS BY THIS AUTHOR

Das Fundament Der Finanziellen Freiheit

Dieses Buch ist der ultimative Leitfaden für alle, die finanzielle Freiheit erreichen und ihr Vermögen nachhaltig sichern wollen. In einer klaren und verständlichen Sprache führt es durch die wichtigsten Themen der finanziellen Bildung: Vom Schuldenabbau über clevere Investitionsstrategien bis hin zum Unternehmensaufbau und der optimalen Nachlassplanung.

Kapitel für Kapitel werden praktische Tipps und einfache Erklärungen geliefert, die zeigen, wie man erfolgreich spart, investiert und plant. Anschauliche Illustrationen helfen dabei, komplexe Themen visuell zu erfassen. Mit wertvollen Ratschlägen und konkreten Beispielen dient das Buch als verlässlicher Begleiter auf dem Weg zu einem starken finanziellen Fundament – für heute und für kommende Generationen.

Betongold 2.0 Immobilien Clever Kaufen, Vermieten Und Profitabel Veräußern

Dieses Buch ist ein umfassender Leitfaden für alle, die im Immobilienmarkt erfolgreich investieren wollen – vom ersten Investment bis zur Umsetzung strategischer

Exit-Pläne. Es richtet sich an Investoren, die entweder neu in den Immobiliensektor einsteigen oder bereits erste Erfahrungen haben und ihre Kenntnisse vertiefen möchten.

Durch eine klare Struktur und praxisnahe Inhalte beleuchtet das Buch die entscheidenden Schritte im gesamten Lebenszyklus eines Immobilieninvestments: von der Auswahl profitabler Objekte über wertsteigernde Maßnahmen bis hin zur gewinnbringenden Veräußerung. Neben praktischen Tipps und detaillierten Strategien zu Kauf, Finanzierung, Vermietung und Verkauf zeigt das Buch, wie Investoren Nachhaltigkeitskonzepte und steuerliche Vorteile in ihre Entscheidungen einfließen lassen können.

Wichtige Themen wie Marktanalyse, Smart City-Konzepte, Immobilienentwicklung und die Integration moderner Mobilitätslösungen werden ebenfalls behandelt, um den Lesern einen zukunftsorientierten Ansatz zu bieten. Ein besonderes Augenmerk liegt auf der Exit-Strategie: Verschiedene Modelle und Zeitpunkte werden analysiert, damit Investoren den maximalen Gewinn aus ihren Projekten ziehen können.

Darüber hinaus bietet das Buch die Möglichkeit, gemeinsam mit dem Autor in Immobilienprojekte zu investieren. In bestimmten Joint-Venture-Modellen bringt der Autor das Eigenkapital ein, während der Partner die operative Umsetzung – von der Akquise bis zur Renovierung und zum Verkauf – übernimmt. Dieser Abschnitt richtet sich an ambitionierte Leser, die ihr Netzwerk und ihre Investitionsmöglichkeiten gezielt erweitern möchten.

Vom Ruhm Zur Freiheit

In "Vom Ruhm zur Freiheit" erhältst du einen umfassenden und praxisorientierten Leitfaden, der speziell für die einzigartigen finanziellen Herausforderungen von Musikern, Schauspielern und Sportlern entwickelt wurde. Egal, ob du am Anfang deiner Karriere stehst oder bereits erfolgreich bist, dieses Buch hilft dir, deine Finanzen zu verstehen und die Kontrolle über deine finanzielle Zukunft zu übernehmen.

In diesem Buch lernst du:

Die Bedeutung finanzieller Bildung: Entdecke, warum Wissen Macht ist und wie du dir das nötige Know-how aneignen kannst, um fundierte finanzielle Entscheidungen zu treffen.

Langfristige Ziele zu definieren und erreichen: Setze dir klare, SMARTe Ziele, entwickle Aktionspläne und lerne, wie du deinen Fortschritt überwachst, um deine finanziellen Träume zu verwirklichen.

Vermögen als Werkzeug: Verstehe die Rolle des Vermögens in deinem Leben und lerne, ein gesundes Verhältnis zu Geld aufzubauen, das dir Freiheit und Sicherheit bietet.

Verantwortung für dein Geld zu übernehmen: Erfahre, wie du proaktiv mit deinen Finanzen umgehen, ein Budget erstellen und deine Ausgaben nachverfolgen kannst, um deine finanzielle Unabhängigkeit zu sichern.

Die Wahl des richtigen Beraters: Finde heraus, wie du einen vertrauenswürdigen Finanzberater auswählst, der dir hilft, deine Ziele zu erreichen und deine finanzielle Strategie zu optimieren.

Interaktive Übungen und Fragebögen: Nutze praktische Tools und Übungen, um deine finanzielle Situation zu reflektieren und deine Ziele zu konkretisieren.

Ob du deine ersten Schritte in der Unterhaltungsindustrie machst oder als etablierter Star auftrittst, dieses Buch bietet dir die Strategien und das Wissen, um finanziellen Herausforderungen zu begegnen und deine Zukunft selbstbewusst zu gestalten. Befreie dich von finanziellen Sorgen und baue den Lebensstil auf, den du dir immer gewünscht hast – mit "Vom Ruhm zur Freiheit" an deiner Seite.

Reichtum Über Generationen: Der Weg Zur Nachhaltigen Vermögenssicherung Und Weitergabe

In einer Welt, in der finanzielle Unsicherheiten und wirtschaftliche Herausforderungen zunehmen, ist es wichtiger denn je, ein solides Fundament für den Erhalt und die Weitergabe von Vermögen zu schaffen. Reichtum über Generationen ist Ihr umfassender Leitfaden, um ein bleibendes Vermächtnis aufzubauen, das nicht nur finanziellen Wohlstand sichert, sondern auch Werte und Prinzipien für die kommenden Generationen vermittelt.

Dieses Buch bietet Ihnen:

Praktische Strategien zur Vermögensbewahrung: Lernen Sie, wie Sie Ihr Vermögen in Krisenzeiten schützen und durch diversifizierte Anlagen langfristig wachsen lassen können.

Wertvolle Einblicke in die Bedeutung von Generationenvermögen: Entdecken Sie, warum Gesundheit, Werte und Bildung entscheidend sind, um nicht nur Wohlstand, sondern auch ein starkes familiäres Band zu fördern.

Umfassende Informationen zur Pflegevorsorge: Erfahren Sie, wie Sie sich auf zukünftige Pflegebedürfnisse vorbereiten und die finanziellen Belastungen durch Pflegekosten minimieren können.

Anleitungen zur Gründung von Stiftungen und philanthropischen Investments: Nutzen Sie Ihr Vermögen, um einen positiven Einfluss auf die Gesellschaft auszuüben und Ihre Werte über Generationen hinweg zu vermitteln.

Tools für die kontinuierliche Erfolgskontrolle: Erlernen Sie, wie Sie Ihre finanziellen Ziele regelmäßig überprüfen und anpassen können, um sicherzustellen, dass Ihre Vermögensstrategie immer auf dem richtigen Kurs bleibt.

Mit Reichtum über Generationen geben Sie Ihrer Familie nicht nur finanzielle Sicherheit, sondern auch die Werkzeuge, um in einer komplexen Welt erfolgreich zu sein. Werden Sie Teil einer Bewegung, die darauf abzielt, Werte, Bildung und Verantwortung zu bewahren und zu fördern – für ein erfülltes Leben und ein bleibendes Erbe.